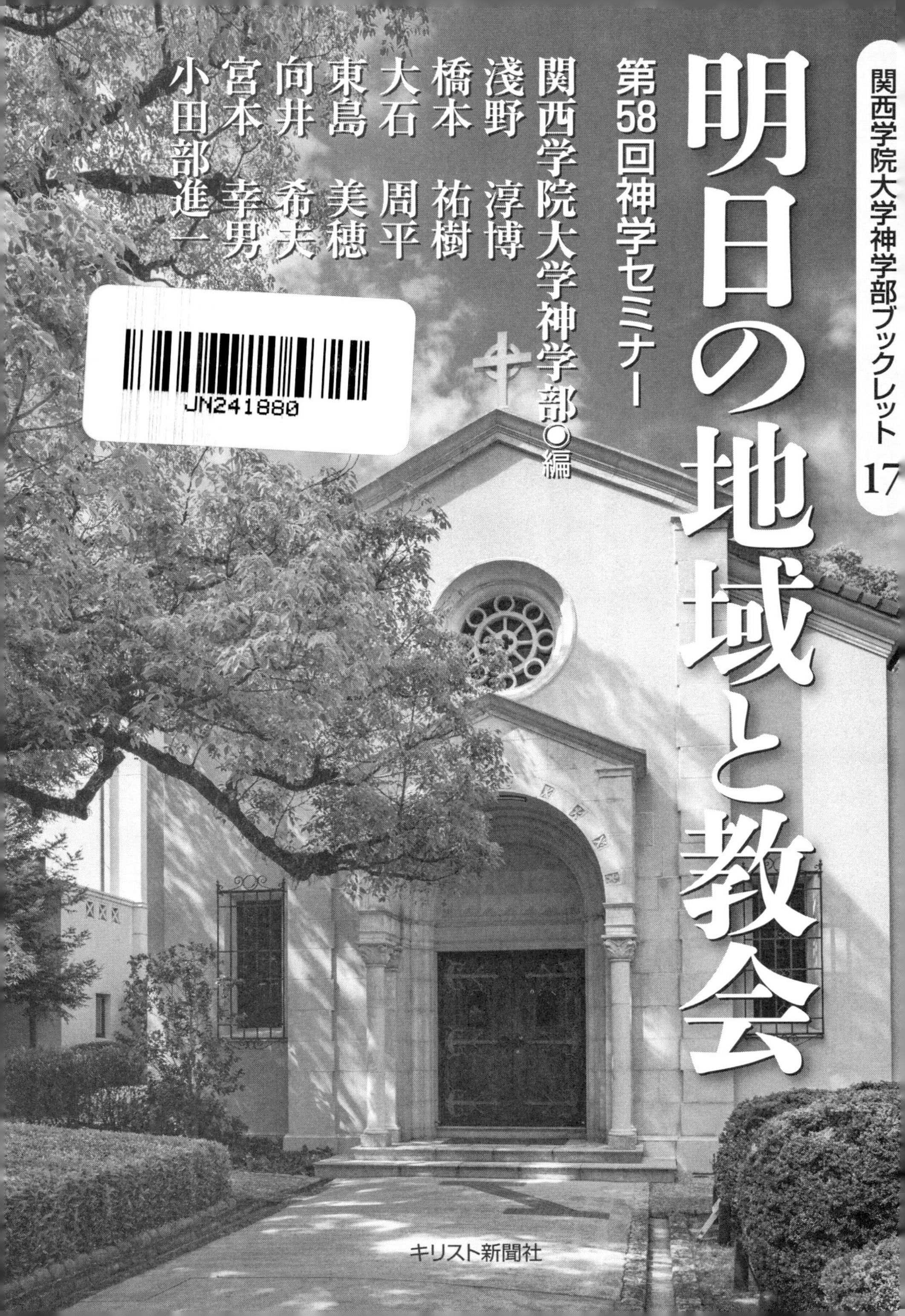

関西学院大学神学部ブックレット 17

明日の地域と教会

第58回神学セミナー

関西学院大学神学部●編
淺野淳博
橋本祐樹
大石周平
東島美穂
向井希夫
宮本幸男
小田部進一

キリスト新聞社

巻頭言

関西学院大学神学部ブックレットは、毎年二月に行われている「神学セミナー」の講演と礼拝を収録したものです。

この神学セミナーでは、神学的なテーマを扱って学ぶということよりも、現代において神学や教会が対峙している問題、また神学や教会自身が問われている問題を取り上げ、神学者だけではなくその問題の専門家にも話を聞き、対話をしつつ神学することを目指しています。また、教会の現場からの声も聞き、現場での具体的な神学の展開を目指すものでもあります。さらに、いったいそのテーマを礼拝としてどのように表現することができるのかを試みています。

神学部ブックレットの一つ一つのテーマの上に一つの組織だった神学があるわけではありません。一つの根本的な神学を啓発するためにセミナーを開催しているわけでもありません。むしろ、現代はそういう「the 神学」というものが崩れ去った時代であろうと思います。

かといって、もはや神学に希望がないわけではありません。むしろ神学部ブックレットの各号で扱われている課題やそれとの神学的対話が一つのタイルとなり、それが合わさってどのようなモザイク画ができ上がるのかが期待される時代なのではないでしょうか。

このような神学的な試みを、ブックレットというかたちで出版する機会を提供してくださったキリスト新聞社に感謝申し上げます。一人でも多くの方が私たちの取り組みを共有してくださり、今日における神学、教会、宣教の課題を多様な視点から共に考えていただき、新しい神学の絵を描く作業に加わっていただければ幸いです。

関西学院大学神学部

目　次

神学講演

コリント教会の会食問題と地域社会

浅野淳博

浅野淳博（あさの・あつひろ）
1960年生まれ。米国のフラー神学校で神学修士号（Th.M.）、オックスフォード大学で哲学博士号（D.Phil.）を取得。著書に『NTJ 新約聖書注解　ガラテヤ書簡』（日本キリスト教団出版局、2017年）、『死と命のメタファ』（新教出版社、2022年）、『新約聖書の時代』（教文館、2023年）等がある。

導入

今回の神学セミナーのテーマが「明日の地域と教会」ということなので、パウロの手紙の中から地域社会との関わりについて示唆が深い第一コリント書を選びました。まずはパウロがこの手紙を書き送ったコリントという都市について、簡単に紹介するのが良いでしょう。ご存知の方も多いと思いますが、パウロはこの都市を第二次宣教旅行と第三次宣教旅行の両方で訪問しており、第二次宣教旅行の際は一年半と長らく滞在しました。

もともとはギリシャの都市国家としてアカイア同盟の一員でしたが、台頭しつつあったローマとの戦争に敗れて、前一四六年に一度は壊滅しました。コリントを再建したのは、かのユリウス・カエサルです。カエサルは前四四年にコリントをローマ式の都市へと作りかえたのです。コリントはギリシャ本土とペロポネソス半島とを結ぶ地峡――五キロほどの狭い陸路――に位置しています。ですからコリントは本土と半島の通商の要衝地でした。さらにこの地峡は、西はローマにつながるコリント湾、東はエフェソにつながるサロニコス湾に挟まれています。古代コリントはこの両方の湾に、それぞれレカイオン港とケンクレア港という外港を持っており、当時の世界の東西を結ぶ航路の中心に位置していました。そのようなわけで、パウロが滞在した当時のコリントは、人と物資とが集中する一大産業都市を形成していたわけです。

パウロが始めてこの都市を訪問し教会を建設したのは、後五〇年秋―五二年春先のことです。

一年半に及ぶ宣教活動の結果としてコリント教会が誕生しました。パウロはそののち宣教の拠点を小アジアの玄関口であるエフェソに移し、そこに三年間滞在します。この滞在期間にコリント教会に宛てて書いた手紙が第一コリント書です。コリントから教会の様子を伝える使者がパウロを訪問すると、パウロはさっそくコリント教会へ手紙を書き送り、教会に起こっているいくつかの問題を解決しようとします。その一つが会食の問題です。今回はコリント教会の会食問題に焦点を置いて話を進めたいと思います。コリント教会には二つの会食にまつわる問題がありました。一つは偶像に捧げられた肉を食べるかどうかという問題、もう一つは主の晩餐のありかたに関する問題です。以下ではこれらの問題をそれぞれ考察し、これらの問題をとおして、コリント教会と地域社会との関わりについて学びたいと思います。

偶像に捧げられた肉

コリント教会が直面していた会食問題の一つは、偶像に捧げられた肉の問題です。コリント教会の一部はユダヤ人でしたが、ご存知のとおり彼らはその唯一神信仰のゆえに偶像崇拝を避けるように努めていました。一方で異邦人のキリスト者たちは、偶像崇拝に囲まれて生活していました。ユダヤ人と異邦人とが教会において生活を共にするようになると、この偶像崇拝の問題が食事習慣において浮上しました。

当時の食糧供給の状況をみると、食肉はおうおうにして神殿で捧げられた犠牲獣が精肉店に卸されて、食卓に並びました。もちろんそれ以外の流通ルートもあったようですが、精肉店に並ぶ肉は〈偶像に捧げられた肉〉である可能性が十分にありました。したがってユダヤ人が肉を手に入れようとする場合は、偶像に関与しないユダヤ人が経営している精肉店に行く必要がありました。ユダヤ人が経営する精肉店があれば良いのですが、ない場合は自分で動物を殺して精肉するか、魚を食べるか、という選択が考えられるでしょう。それくらいにユダヤ人は肉食に気を遣っていたということでしょう。一方で異邦人は何も気にせずに、精肉店で肉を調達します。ですから、ユダヤ人キリスト者と異邦人キリスト者とが会食を持とうとすると、〈どこの肉か？〉という問題が出て来やすかったのでしょう。

私たちはここで、コリントに住む非ユダヤ人（異邦人）にとってどれほど偶像に捧げられた肉が普通のことであったかを確認しておきましょう。プルタルコスというギリシャ人の著作家は『食卓歓談集』の中に以下のような逸話を記しています。

「アリスティオンの料理人が晩餐客をたいそう喜ばせたのだが、それは料理の腕前もさることながら、彼によって客に出された鶏が、ヘラクレスへの犠牲として捧げられたばかりだったにもかかわらず、一日置いたかのように柔らかだったからだ。アリスティオンによると、屠ったすぐ後でイチジクの木に吊すと、肉は早く柔らかくなる。私たちは、なぜそうなるか議論を続けた」（『食卓歓談集』六・一〇・一）。

アリステイオンなる人物がヘラクレス神殿で犠牲を捧げ、その犠牲として捧げられた鶏の肉がすぐさまその後の食卓にのったということのようです。やはりプルタルコスは同様の事態を他書でも述べています。ペリアンドロスなる貴族が、コリントの外港ケンクレアにあるアフロディテー神殿で犠牲を捧げたのちに、晩餐を開いています（『七賢人の饗宴』一四六）。ペリアンドロスもまた、この犠牲の肉を客に振る舞ったのだろうと思われます。

コリント市内にあったアスクレピオス神の神殿は有名です。アスクレピオスは癒しの神なので、人々は体の患部の模型を石膏で作ってこれを神殿の境内に持ち込みます。そしてここで動物を犠牲として捧げます。この神殿境内に隣接して一段低くなった中庭がありますが、これは柱廊によって囲まれています。そしてその一面にはいくつかの部屋が設けてあり、それらは食堂として用いられていたようです。ここでは公式な宗教行事の一部としての会食も行われたでしょうが、貴族たちが家族の誕生日を祝ったり、客を呼んで晩餐会を開いたりすることもありました。これらの食事の前にはアスクレピオスに健康を願いつつ犠牲を捧げますから、当然その時に捧げられた動物の肉が食卓を飾ることになります。先ほど〈公式な宗教行事〉と述べましたが、コリント市の公的行事は宗教と切り離せません。そうすると市の官職に就いている貴族やその他の富裕層は、そのような行事でやはり〈偶像に捧げられた肉〉を食べていたのです。彼らにとって、〈偶像に捧げられた肉〉を食べることは生活の一部でした。

貴族や富裕層以外の異邦人はどうでしょうか。食肉というのはやはり贅沢なので、下層の民衆にはそれほど頻繁に肉を食べる機会がありませんでした。タンパク源は野菜や魚から摂取していたようです。ただ全市を挙げたような祭の際に動物が犠牲として捧げられると、それが分配されるということがあったようです。コリント市に限っても、アスクレピオス神殿、アポロン神殿、皇帝神殿、アフロディテー神殿等の神殿でたびたび祭が行われると、彼らはそこで捧げられた肉のおこぼれに与っていたのでしょう。これがコリントの異邦人世界の日常でした。

一方でユダヤ人の場合は、前述のとおり偶像崇拝の禁忌が非常に重要だったので、食事にそのような要素が入り込むことがないように細心の注意を払っていました。ラビ文献には以下のような注意があります。

「もし非ユダヤ人が自分の息子の婚礼の祝宴のために町のすべてのユダヤ人を招くために使いを送ったなら、彼ら（ユダヤ人）が彼ら自身の食事と飲み物を運び込み、彼ら自身の給仕に仕えさせても、彼らは偶像を崇拝する（異邦人の汚れを受ける）」（『トセフタ　アヴォダー・ザラー』四・六）。

ここでは、異邦人が神殿に捧げた肉を食材として料理した物を食べることが出来ないことが前提としてあります。その上で、もしユダヤ人が自ら調達した料理を持ち込んでも、偶像に捧げられた肉を食べる異邦人との会食は、やはり偶像崇拝だという、非常に厳しい姿勢を示しています。

神殿で神々に犠牲として捧げられた肉を食材として食べることが当たり前だという風習のただ中に生きる異邦人と、厳しい偶像崇拝の禁忌を守るユダヤ人が教会という共同体で営みをともにしようとするのですから、問題が起きないわけがなかったのです。異邦人は〈ユダヤ人はどうして肉の出処にいちいち目くじらを立てるのか？〉と思って当然ですし、ユダヤ人は〈異邦人はどうして肉の出処に無頓着でいられるのか？〉と思って当然です。

そこでパウロが示した判断は以下のようです。

> 「市場で売っている物はいちいち良心に問うことなく何でも食べなさい。……あなた方が信仰のない人に招かれて、それに応じる場合、自分の前に出されるものはいちいち良心に問うことなく何でも食べなさい。しかしもし誰かが「これは、神殿に捧げた肉です」と言うのなら、そう知らせてくれた人のため、また良心のために、食べてはいけません」（一コリ一〇・二五〜二八）。

まずこの指示が異邦人キリスト者に向けられていることを確認しておきましょう。パウロは異邦人キリスト者に対して、市場の精肉店に並ぶ肉をいちいち〈偶像に捧げられた肉か〉などと考えずに、気にしないで食べたら良いと述べています。そして誰か異邦人に食事へ招待されたなら、〈その食材がどこから来たか、神殿か〉などと考えずに食べたら良いと述べています。これはとくに、公的な場で肉食の機会が多い富裕層が、その社会的立場を放棄してまで肉食を避ける必要がないことを述べているので、富裕層にとっては朗報です。一方で、ユダヤ人キリスト者の面前で、神殿の犠牲であることが明らかな肉をこれ見よがしに食べることは、ユダヤ人の手前しない方が良いと述べています。「これは、神殿に捧げた肉です」などとわざわざ言う「誰か」とは、ユダヤ人キリスト者のことでしょう。このパウロの短い指示の中で、「良心」という語が三度も繰り返されていることに注目しましょう。信仰ではなく良心が判断基準になっています。これに関しては後述したいと思います。

パウロはこの指示によって、教会内の異邦人とユダヤ人との関係性を保障しようとしたのですが、同時に彼はとくに富裕層が地域社会から隔離されることがないように配慮しています。彼らはその社会的立場ゆえに、おそらく神々の神殿の祭司にならないまでも、宗教行事に陪席する必要がありました。神々の神殿で犠牲として捧げられた肉を食べられないというのでは、その役が務まりません。地域社会とのつながりを断たないという配慮は宣教的な観点から重要です。じっさいにコリント教会には、「[コリント]市の会計官エラストス」（ロマ一六・二三）という高官が所属していたことが分かっています。ちなみに今コリントを訪れると、野外劇場跡の横に「エラストスが按察官の役職の記念として自費で「舗装道路を」設置した」と記した碑文が見られます。もしかしたらこの按察官エラストスこそが「市の会計官エラストス」かも知れません。コリント教会の富裕層はいろいろな問題を教会に持ち込んでいたことは確かですが、地域社会と深いつながりを持っているという点で、非常に宣教的な意味で重要でもあったわけです。

主の晩餐と階層級意識

コリント教会ではもう一つ会食に関する問題が起こっていました。現代の教会の多くは、〈主の晩餐〉という儀礼を個別に行いますが、当時の教会ではキリスト者が集って会食をするその食事の一部として行っていました。コリント教会ではこの会食において、時間に余裕のある富裕層が先に教会に集い食事を始めてしまっていたようです。そこに遅くまで働く貧困層や奴隷たちが到着すると、もう食べるものが残っていないし、富裕層はアルコールが入って良い気分になっています（一コリ一一・二七—三四）。これでは貧困層や奴隷たちは良い気分がしませんし、教会が一致して行うはずの主の晩餐が損なわれてしまいます。当然のことながら教会の中に不和や分裂が生じ、これが教会のさまざまな活動に支障をきたしました。

一コリ一一・三〇には主の晩餐が損なわれたために「弱い者や病人が大勢おり……死んだ者も少なくない」という事態が起こったことが記されています。この箇所はときとして、分裂という悪い心の態度のまま主の晩餐に参加した人たちが、何か魔術的に病気になるというふうに理解されます。しかしこの箇所は、そのような魔術的な事態を述べているのではないでしょう。主の晩餐を含めた教会の会食がもとで教会に分裂が起こったために、教会がこれまで行ってきた活動に支障が起こってしまったようです。その活動の一つが地域社会での救済活動でした。ちょうどこの頃、コリントを含めたアカイア地方で飢饉が起こっていたのです。コリント教会では会食がもたらした不一致のゆえに、この救済活動が滞ってしまい、その結果として「弱い者や病人が大勢おり……死んだ者も少なくない」という状況に直面したのだと思われます。

そもそもこのような富裕層の態度は、当時の社会の感覚では当たり前のことであり、そのような当たり前の社会感覚が教会に持ち込まれたようです。当時の社会は、少数の貴族や富裕層からなるいわゆるエリートを頂点としたピラミッド型の構造をなしており、その底辺に貧困層や奴隷たちが多数存在していました。そしてエリートは、貧困層とのあいだで〈パトロネジ〉と呼ばれる関係を形成していたのです。つまりエリートは〈保護者〉として貧困層を経済的に支援します。それに対して貧困層は〈庇護民〉としていろいろな仕方で恩返しをします。たとえば保護者が何かの役職に立候補すればその指示をします。このパトロネジという仕組みが、当時の人間関係に深く浸透していました。そして保護者と庇護民との身分の違いが、さまざまな仕方で確認されていました。現代の私たちの感性からすると差別と思われることが、当たり前に公の場で起こっていたのです。その一例が会食です。保護者と庇護民とが同じ食事に招かれる際には、彼らの着座する場所はあらかじめ決められています。保護者はいわゆる上座で、庇護民はいわゆる下座です。さらに提供される食事も、保護者と庇護民とでは異なります。このようにあらゆる仕方で、身分の違いが確認されていました。

上で述べた教会での会食の問題は、この感性がそのまま教会に持ち込まれてしまったがゆえに起こったことのようです。コリント教会はいくつかの家の教会から形成されていたようです。これらの家の教会は、おうおうにして富裕層のキリスト者の屋敷（ウィッラ）が使用されていたようです。富裕層のキリスト者が主人である家の教会で会食が行われる場合に、富裕層の階級意識がそのまま会食に持ち込まれてしまったようです。階級制度が呼吸のように当然な社会において、キリスト共同体が目指す平等性が浸透するには時間がかかったことでしょう。パウロはそのような事態に直面したコリント教会に対して、非常に実務的な指示を与えます。つまり、富裕層は教会での会食の前に、自分の家で食事を済ませてくることです（一コリ一一・三三）。そうすれば彼らも、貧困層や奴隷たちが遅れて到着するまで、大人しく待つことが出来るのです。

一方でパウロは、より根本的で普遍的な指示も与えています。すなわち、

「私たちは皆、ユダヤ人であってもギリシア人であっても、奴隷であっても自由人であっても、一つの霊によって一つの体となるために洗礼を受け、皆一つの霊を飲ませてもらったからです」（一コリ一二・一三）。

パウロは他所でも同様の発言をしています。「ユダヤ人もギリシア人もありません。奴隷も自由人もありません。男と女もありません」（ガラ三・二八。コロ三・一一参照）。パウロはこれらの言説によって、民族的垣根、階級的垣根、さらにジェンダー的垣根を相対化し、教会内における平等宣言を行っています。これは当時の社会的感性を乗り越える画期的な思想です。なぜなら当時の社会では、民族、階級、ジェンダーによる差別が前提となっていたからです。以下に当時のギリシャ哲学者とラビの思想を反映する言説を引用しましょう。

「……彼がフォルテュナー（運命の女神）に対して感謝すべきことが三つある。『一つは私が獣でなく人として生まれたこと。一つは私が女でなく男として生まれたこと。一つは私が異

邦人でなくギリシア人として生まれたこと』」（『ギリシア哲学者列伝』一・三三）。

「ラビ・ユダは言う。毎日唱えなければならない祝福がある。［それは］私を異邦人にされなかった神に祝福が［あるように］。私を女にされなかった神に祝福が。私を田舎者（奴隷？）にされなかった神に祝福が」（『トセフタ　ブラホート』七・一八）。

当時の思想と比較すると、パウロがいかに意識的に教会内での平等性を強調したかが分かります。パウロはこのようにして、社会的に常識であった差別意識が教会に入り込むことを阻止しようと努めていたのです。

まとめ

私たちは、コリント教会において浮上した二つの会食問題を概観してきました。偶像に捧げられた肉の問題と、分断された主の晩餐の問題でした。パウロはこれらの問題に対して提案をしているのですが、それは彼の宣教観に依拠していると言えるでしょう。すなわちパウロは、〈教会がいかに地域社会と有機的につながりつつ、教会としての存在感を示すか〉と問いかけながら、これらの問題に対処したのです。

パウロは偶像に捧げられた肉の問題によって、教会と地域社会とのつながりが遮断されることがないように心を配りました。したがって彼は「ユダヤ人［キリスト者］にも、ギリシア人（教会外の異邦人）にも、神の教会にも、つまずきを与えないようにしなさい」（一コリ一〇・三二）という指示を与えます。肉が偶像に捧げられているかどうかを気にするという、異邦人の目からすると偏屈なこだわりによって、教会に対する地域社会の評判が落ちることがないように、パウロは願ったのです。このようなこだわりは、とくに社会的地位の高いコリント住民が教会へ接近することを妨げますし、すでに教会の成員であるエリートが教会に留まることを困難にしてしまいます。偶像に捧げられた肉を食べるかどうかは、教会のアイデンティティに関わる問題ではないと判断されたようです。なぜならパウロは「食物が、私たちを神のもとに導くのではありません。食べなくても不利にはならず、食べても有利にはなりません」（一コリ八・八）と述べているからです。ある意味でパウロは、教会アイデンティティと関わらない事柄に関しては、柔軟に対応しました。その際にパウロは、問題を〈信仰〉の事柄ではなく〈良心〉の事柄として扱いました。したがって上述したように、この会食の問題においては、〈良心〉という語が繰り返し用いられます。偶像に捧げられた肉を扱う一コリント書八―一〇章では、一度も〈信仰〉という語が用いられないのに対して、〈良心〉が八回繰り返されている点は興味深いです。教会と社会との垣根をまたぐ問題の判断基準は信仰でなく良心であり、パウロはこの良心に関して大いに柔軟性を示したのです。

一方でパウロは、教会が地域社会とのつながりにおいて、そのアイデンティティを明確にして維持することに心を配りました。パウロが「私たちはみな、ユダヤ人もギリシア人も、奴隷も自由人も、一つの体となる洗礼を受け、みな一つの霊を飲ませてもらった」（一コリ一二・一三）と記す場合、キリスト者の共同体がそのアイデンティティの根拠とする二つの儀礼に言及していま す。すなわち洗礼と主の晩餐です。これらの儀礼においては、「一つの体」そして「一つの霊」という仕方で強調される一致が「ユダヤ人もギリシア人も、奴隷も自由人も」という多様な共同体において実現されるのです。これは本来、人が誰でも神の似姿に創られたという、創造秩序に依拠した平等性の回復です。パウロは教会が地域社会に深く根を下ろすことを願いましたが、地域社会の常識である差別が平等性をアイデンティティとする教会に浸透することを防ごうとしました。したがって「ふさわしくない仕方で、主のパンを食べ、主の杯を飲む者は、主の体と血に対して罪を犯すことになります」（一コリ一一・二七）と断言します。「主の体と血」とは主の晩餐を受けた表現ですが、それはイエスがその生き様と死に様によって示した神の国のあり方を指しており、それに「対して罪を犯す」とはすなわち神の国のあり方を拒むことです。イエスがその生き様と死に様によって示した神の国の価値観は、他者を排除することでなく受容することでした。人と人とのあいだに垣根を設けたり優劣をつけないことです。この平等性は教会のアイデンティティの中核にあり、したがって信仰の問題です。教会のアイデンティティと直結する部分において、パウロは譲歩しませんでした。

キリスト共同体が地域社会と有機的につながりつつその存在感を発揮するためには、何が教会のアイデンティティと関わらないことで、何が教会のアイデンティティと関わることかを見極め、前者に対しては謙虚な姿勢で柔軟に対応し、後者に対しては勇気をもって自らの姿勢を示すことが求められるのでしょう。教会のアイデンティティと関わらない部分に固執して、アイデンティティと関わる部分を譲歩する、そのような混乱を修正しつつ教会は、その宣教を前に進めていくことが望まれます。

神学講演

明日の地域と教会

現代宣教学の視点から

橋本祐樹

橋本祐樹（はしもと・ゆうき）
関西学院大学神学部卒業。同大学院神学研究科博士課程前期課程、後期課程修了（神学博士）。日本基督教団飫肥（オビ）教会主任担任教師、神戸栄光教会担任教師、ハイデルベルク大学神学部博士課程・客員研究員を経て、現在、関西学院大学神学部准教授。
著書　『ことばの力――キリスト教史・神学・スピリチュアリティ』（共著、キリスト新聞社）ほか。
訳書　世界教会協議会『いのちに向かって共に／教会』（共訳、キリスト新聞社）ほか。

はじめに

地域との関連に触れつつ、これまでの歩みに触れて簡単に自己紹介します。二〇〇六年に前期課程を修了して最初に赴任したのが宮崎県の日南市にある飫肥教会でした。当時、教会員は二〇名程で、付帯施設として宗教法人の幼稚園がありました。在任中に、この園を学校法人化しました。私の当時の実感としては日南という地域にあってこの幼稚園は地域への大切な窓口であり、窓口以上のもので、地域に仕えるための宣教の前線でした。教会が地域に仕え、地域の人が教会に足を踏み入れる貴重な機会であり、実際に幼稚園の保護者がこどもと共に教会学校に通い、やがて受洗する。あるいは幼稚園の教諭が受洗する。そういうケースが与えられました。ただし、幼稚園を通じて受洗したある方とご家族は転勤で都市部の教会に引越しをされました。教会と付帯施設を通して大切に育てられた信徒の、特定の地域から都市部の教会への移動。いわゆる苗床教会の現実です。地域の教会と一口に言っても、その非対称的な関係について自覚は必要だと思います。

次に赴任したのが神戸栄光教会です。まったく規模感の異なる大きな教会で、地域との直接的な関連で言えば、教会は常に地域の音楽団体などにコンサート会場として会堂を提供していました。それこそ皆が時間の余白を捧げるような仕方で。それによって教会に触れるきっかけを多くの人に提供していたと思いますし、それを通して実際に教会に繋がり、受洗に至ったケースもあります。信徒の方は、神戸以外のさまざまな地域からも教会につながっておられました。今回のテーマを前に改めて気づくのですが、それぞれが生活する地域で、言葉にするかしないかは別にして、キリスト者として地域社会に仕える信徒がたくさんおられました。思い出せる範囲でも、いのちの電話、孤立する人への給食活動、福祉相談、ホームレス支援があります。あるいは、そのようなわかりやすい形を取らずとも、無数の人が地域で「地の塩」として生きておられる実態が教会にはあります。これは、実は教会の外部からも注目されている点で、あとで改めて触れたいと思います。

教会間の連携や地域での具体的な関わり方については、午後に他の方々がお話されますので、ここでは私は、地域社会の今とこれからを踏まえつつ、地域における将来の教会とその宣教に向けて、実践神学とその関連領域、特に現代宣教学の視点や枠組みを中心に参照して考えてみたいと思います。今回はエキュメニカルな視点を意識するのもセミナーの主旨になっていますので、その点も受け止めて進めます。（本稿では当日の講演を一部削り、時間の関係で省いた一部を加えています。）

地域社会の現状、将来、そして無縁社会

すでに繰り返し耳にしている事柄ですが、最初に、広く共有されている地域社会の課題をあげるとすれば、例えば、まず少子化・出生数の減少があります。二〇二二年には人口動態統計を取

り始めてから初めて出生数が八〇万人を下回ったということが大きなニュースになりました。当初の国の推定よりこれは一一年早いようです。次に、これも繰り返し言われ続けている超高齢化社会の問題があります。『未来の年表』（河合雅司、二〇一七年）という文献を見ると二〇二四年に全国民の三人に一人が六五歳以上の高齢者になると書いてありましたが、現在の状況では厳密には人口比で二九・二％です（総務省統計局「人口推計」二〇二四年）。高齢化率という点から言うと高齢化社会と呼ばれるのが一四―二一％、超高齢社会と言われるのが二一％以上のようですから、二九・二％は超「超高齢化社会」と言えます。さらに、これらのことと深く関連して一五歳から六四歳の生産年齢人口の激減、社会の支え手の不足があります。この点もますますその現実に直面していくことになるのだと思いますが、人口減少化社会の問題です。少し前のものになりますが、国立社会保障・人口問題研究所による「日本の将来推計人口」（二〇一七年）の予測では、二〇一五年に一億二七〇九万人であったのが二〇四〇年に一億一〇九二万人、二〇五三年には九九二四万人、二〇六五年に八八〇八万人だといいます。そして、言うまでもなく、これらの現実を先取りするような日本の教会の現実が横たわっています。

日本社会のこれからをめぐって「戦略的縮小」という言葉が語られます。教会で言うと、昨年の日本における福音派グループの日本伝道会議では「何を始めるべきか」という議論がされていたのと同時に、「何を終わらせるべきか」という話がなされていたのは印象的でした。これまでのやり方が本当に通用しなくなっている部分があるように感じます。現状で、それぞれが新しいことを実際に試みていくことが大切であると思っています。と同時に、「何をやめるのか」の検討も不可欠になることでしょう。

地域という観点に関連して、キリスト教にとっての課題の一つを浮き彫りにするために、ここまでの内容に加えて社会関係の希薄化、「無縁社会」のキーワードもあげておきたいと思います。かつてＮＨＫのドキュメンタリー番組で「無縁社会」が取り上げられて大きな話題になったのは、改めて確認すると二〇一〇年でした。ひとり孤独に息を引き取り、引き受け手もない無縁死が年間三万二〇〇〇人に及ぶという内容で衝撃を与えました。厚生労働省の二〇二一年度の報告を見ますと、身寄りがないまま経済的に困窮して亡くなった方は四万八六二二件に及ぶそうです。この問題は決して小さくなってはいないことが分かります。

例えば京阪神地域と九州の宮崎・日南の地域では同じではないでしょうし、個々に違いはあるでしょうが、確かに身近な地域において人と人のつながりが失われてきているのは明らかだと思います。先日、同僚と話題になりましたが、大学の近所の道端で、買い物に出て迷ってしまい、辺りも暗くなって途方に暮れて座り込んでいた目の悪い高齢者の女性を助けたのは、偶然に通りかかった見知らぬそのクリスチャンの同僚だったそうです。その方は、ご家族は近くにおらず、近所の人が代わって買い物をサポートしてくれるわけでもないようでした。

無縁化する地域・社会の現実を念頭に置いて、改めて行政や研究者から注目され、光が当てられるようになっているもののひとつは実は宗教です。

地域における教会とソーシャル・キャピタル

日本のキリスト教の宣教学の領域で、近年話題になった文献の一つに『データブック二〇二三 神の国の広がりと深化のために――データから見る日本の教会の現状と課題』（二〇二三年）があります。他宗教も含んだ統計調査をもとに数字からキリスト教の現在と課題を考えるという内容で、仏教が減り、新宗教も大きく減り、キリスト教も「もはや停滞ではなく衰退」という言葉で語られる現状があることが、体感ではなく数字で見えてきます。宗教は、そしてキリスト教はどうなるのか、どうしたらよいのかと思うわけですが、次のような文献を見ると、これまで宗教が、そして教会が地域社会において果たしてきた、ある意味では目立たないとも思える働きがかえって注目を集めていることが分かりますし、規模や程度は別にして地域における教会の変わることのない役目を示されるようにも思えます。

櫻井義秀さんという宗教社会学者が責任編集を担う『宗教とソーシャル・キャピタル』という叢書（全四巻、二〇一二―一三年）があって、そのうちの一冊は『地域社会をつくる宗教』（第二巻、二〇一二年）です。ソーシャル・キャピタルというのは、米国の政治学者R・パットナムによって取り上げられて広まった言葉で、現在でも学問、行政、福祉といった幅広い領域で注目されています。それは「人々の協調行動を活発にすることによって社会の効率性を改善できる信頼、規範、ネットワークといった社会組織の特徴」を表すものであるというのがパットナムの説明です（『哲学する民主主義』二〇〇一年）。言い換えると、人と人との関係が、家族の間でも、地域や社会、会社組織などの職場でも希薄になっている現状の中で、信頼や互酬性を特徴とするソーシャル・キャピタル（社会関係資本）が、どこに、そしていかに見出し得るのかということを問題にしているようです。資本という言葉で言われるといい響きではないですが、物的資本、人的資本に並ぶ、人が生きるために本来不可欠なものとしての社会関係資本、しかも「信頼と互酬性」に基づく人と人との密な関係はどこで見出し得るのか。この問いに対して、この文献は宗教に、そしてキリスト教に着目しています。例えば、宗教者が日常的に信者を訪ね、宗教的行事を通して人が集まって時間と思いを共有し、互いに繋がりを保ち、利益を顧みずに人を助けるという価値観を伝え、実践を求める。そのような宗教の日常の営みに、宗教がそういった人の暮らしや地域にとって本来不可欠なものを生みだし、支えてきたことに、地域社会にとっての値打ちを認めています。

地域と教会を主題にして、例えば、こんなことに取り組んでいます、皆さんもしてみましょうと言われても「もう何にもできないよ」と言いたくなる現実も、場合によってはあるかもしれません。でも、行政や研究者が改めて宗教に、あるいはキリスト教に視点をそうやって向けるのは、宗教やキリスト教が当たり前に大事にしてきたことが実際に地域とそこに住む人を支えていた側面があったからなのだと、改めて気付かされます。

もちろん課題や軋轢もあるでしょうが、規模は別にして、基本的な大きな信頼の上で共に集い、助け合うのをよしとする価値観を育み、維持する。見返りはなくとも「捧げよう、差し出そう」

とする姿勢を育み、実践をうながす。そういったことを当たり前にやってきた教会の日々の活動が、実は地域社会への根本的な貢献に繋がっていたということなのだと思います。ソーシャル・キャピタルの議論では「互酬性」の関係を問題にしていますが、これは言葉どおり読めば相互に与え合うつながりです。しかし、教会やキリスト者が奉仕をする時「お返ししてもらわないと」と考えてする人がどれだけいるでしょうか。天に富を積むとか、本音では教会に繋がってくれないかなとか、考えることもあるわけですが、でも少なくとも目の前の困窮する人を助けたいと考える時、例えば別の地域で地震が起こってすぐに少ないけれどまずせめて献金・寄付をと考える時、お返しなど考えていません。互酬性どころか、本当にこれだけは差し出したいと思ってやっている教会の文化や価値観、教会が大切に育んできた精神は、互酬性という言葉を超えているところがあります。限界の中でも、そうやって少しでも生きようとする人が地域で暮らし、地域を生かす一人になってきたという点は、数字には出なくとも教会のかけがえのない貢献であり続けてきたのだと、それをこれからも大事にしていいのだと、先ほどの文献の議論に触れて私は思いました。

いのちの電話、孤立する人への給食活動、福祉相談、ホームレス支援、こども食堂。あるいはそのような明白な形を取らずとも、無数の人があくまで当然に無名のままで地域において「地の塩」として生きてきたことを改めて思います。これからも、数としてはもしかすると小さくとも、そのような働きや生き方を守ることができるでしょうし、それらを教会が教え、育み、地域で生きることに意味があるのだと確認することを促されるように思いました。

地域社会における「神の宣教」

現在の宣教学との関連で言えば、これからの教会の宣教を考える際に参照するべき文献の一つは、世界教会協議会の『いのちに向かって共に／教会——現代世界エキュメニカル運動における二大重要文書』（二〇一七年）だと思います。聖公会の西原廉太さんの監修のもと、総合政策学部の村瀬義史さんと私で訳出しました。現在、世界の三五〇を超える教団・教会グループが加盟するキリスト教の世界的な組織による二一世紀最初の「重要文書」と位置づけられています。二一世紀の宣教論の基本的な資料の一つです。いくつかの大きな特徴がありますが、特に宣教を課題とするその文献の前半「いのちに向かって共に」から最初に一つ取り上げるとすれば、ここでも「神の宣教」論が基調になっている点が挙げられます。例えば、こういう言葉があります。

「『神の宣教』という宣教理解は、神が歴史と被造世界における具体的な時間と状況において活動し、正義と平和と和解を通して全地のいのちを満ち満ちたものにしようとしているとの信仰を指し示している。」

これは、かつての時代になされたような一方通行の、数量的・空間的な拡張を一義的に目指す支配的な宣教論、狭い意味での教会中心主義を乗り越えようとするものですが、この表現ではまず、神がこの世において今も生きて働いておられるということをはっきりと語ります。教会の宣教を考える時、単に教会が教会自身のために自己目的で何かを考えたり、宣教したりするというのではなく、先立って神がこの世で、この世の問題のただ中で生きて働こうとされているということを、そしてその「神の宣教」に教会は与り、参与するのだと伝えるのです。

私がかつて神学生時代に通った教会の一つは大阪東十三教会です。昨年の神学校日には久しぶりに招かれて説教をさせていただきましたが、二〇年ほど前、当時の牧師が聖書研究をする教会の二階の部屋で、壁にかかっていたのはフリッツ・アイヘンバーグの版画「炊き出しの列にならぶイエス」でした。それを時々見上げて、見ていました。そこで、イエスは炊き出しをする側にいる存在としてではなく、炊き出しの列に、他の人々と一緒に並ぶ存在として描かれていました。神が今、共にいることを望まれるのはどこなのかを教会が教会自身に問うているように感じていました。このイメージは「神の宣教」論の発想に重なるように思います。「神はこの世に」を「神は地域に」と言い換えてもいいのかもしれません。神は地域で、求めを持つ人々と、もう共におられる、と。

地域における周縁からの福音

もう一つ、それこそ今の理解をも部分的には超えていくような特徴的な内容を同じ文書から取り上げるとすれば、それは「周縁からの宣教」という理解が強調されている点です。少し長いですが、例えば次のように語られています。

「意外にも、神は聖霊を通して、周縁と思われる場所から、また排除されているように見える人々を通して働かれるのである。」

「それ［周縁からの宣教］は、宣教が、もっぱら力ある者から力の無い者に対して、豊かな者から貧しい者に対して、特権を持つ者から周縁に追いやられた者に対してのみ行われうる、とする認識に替わろうとする宣教的運動なのである。こうした考え方は、抑圧と周縁化に加担する可能性を持つ。」

「周縁における生活が示しうる教訓がある。それは、周縁に置かれた人々が独自の役割を持っており、しばしば中心にいる者が見ることができないものを見ているということである。……周縁的状況に生きる人々の日々の闘いから、特権的地位にある人々が学ぶべきことは実に多いのである。」

コントラストをはっきりさせるために現代宣教学のいくつかのキーワードを拾って言えば、かつて二〇世紀前半におけるナチス・ドイツの時代に生きた神学者D・ボンヘッファーが抵抗運動の果てに獄中で構想した神学思想は「他者のための教会」でした。彼は次のように記しました。「教会は他者のために存在する時にのみ教会である。……教会は人の社会生活のこの世的な課題に、支配的にではなく、助けつつ、仕えつつ、あずからなければならない」（Dietrich Bonhoeffer

Werke 8, 560)。このような言葉で、戦後の教会の新しい姿を展望したのです。ボンヘッファーが語った「他者のための教会」の意義と戦後世界における大きな影響を認めつつ、その「他者のための教会」(Kirche für andere) という表現の戦後の濫用が持てる者から持たざる者への特権意識を含み得るとして、同じドイツの宣教学者T・ズンダーマイアーは後に「他者と共にある教会」(Kirche mit anderen) について語りました。他者と教会は上下ではなく横並びの並列の関係にあるとしたのです。そして今や、二一世紀の世界教会協議会の宣教論は、ズンダーマイアーによる修正をも超えて、「周縁から」与えられる福音があることを強調しています。これは大切な視点であると私は思います。「いのちに向かって共に」は、周縁的状況に置かれた存在が、通常人が「見ることができないものを見て」おり、そこから「学ぶべきことは多いのである」と語り、むしろ宣教する教会の側からに留まらず、課題となる現場から聖霊が働くこと、むしろそこから与えられる福音が豊かにあることを明らかにするのです。現実に、そうではないでしょうか。今日のセミナーでは、地域における教会の関わりや取り組みについても共有されていきますけれども、与えるつもりで出かけていって、かえって与えられて帰って来るということが確かにあります。

包括的な宣教理解と伝道の位置

冒頭でも言いましたが、セミナーの案内文にも掲載されていた通り、今回のセミナー全体の要点の一つはエキュメニカルな視座であると理解しています。その意味をここでも受け止めるという意味で、同じ文書「いのちに向かって共に」から、敢えてもうひとつの特徴を取り上げるとすれば、実はそこで伝道（Evangelism）というテーマの位置と理解が明確になっている点が挙げられます。ここまでの話から、この世における奉仕だったんじゃないのかと考える人がおられるかもしれませんが、伝道というテーマを、注意深く、改めて位置づけ直しているというのは、この文献の特徴です。例えば、次のような言葉が述べられています。

「すべてのキリスト者、各個教会、教派は、救いのよき知らせであるイエス・キリストの福音の活き活きとした伝達者になるよう召されている。伝道とは、自信に満ちて、しかし謙虚に、他者と自らの信仰と確信を共有することである。……それゆえ教会は、どのような時代にあっても、神の愛を世界に伝える一つの本質的な方法である伝道に対する献身の思いをあらたにすべきである。」

「伝道とは、その他の宣教の諸形態を排除するものではないが『キリストにある新しいいのちと弟子としての人生を生きることへの個人的回心を促すこと』など、福音を明白に意図的に表明することに焦点を据えている。……全教会が共に伝道するよう召されている。」

これらの言葉を読むだけでも、世界教会協議会の現在の宣教論が、伝道の位置を明確化する側面を持つことが分かります。伝道という言葉で考えられているのは、基本的には、未だ、あるいはもはや福音を知らない人に明白にこれを伝える働きを進めるということです。ただし、教会の宣教（Mission）の働きは伝道一本に尽きるものではないということが上の文章からも分かります。その通りで、教会のする多様な働き全体を包括的に表すのが「宣教」という概念であるとすれば、今述べた伝道の働きは、それに並ぶ、あるいはその中の一つの大切な要素として確かな位置を与えられているということです。

ただし、伝道が誤った仕方でなされるのではないということは強調されています。例えば、「残念ながら、伝道は、時に……福音に背く仕方で実践されてきた。……キリストに倣う宣教とは、他者の尊厳と権利を肯定するものである」と語られます。他者の尊厳と権利を受け止め、尊重しながらも、しかし、決して自分たちが信ずるものの価値を貶めるものではない、ということでしょう。B・C・ジョンソンというアメリカの神学者は主要な教団教派の長期にわたる教勢衰退を目の当たりにして、その要因に宣教と伝道の概念の混乱があると考え、伝道が宣教の中に水没して課題が見えなくなっていると指摘しました（『これからの福音宣教像』一九九六年）。数的に成長すればとにかく良いとする拡張主義的な伝道論や、人の尊厳を無視した高圧的な改宗主義は危ういとしても、また教会の宣教がそれだけに終始するものではもちろんないとしても、福音に未だ、あるいはもはや与っていない人にいかに伝えるかは大切な課題でしょう。地域に仕える教会の活動において、伝道の下心が邪魔になるというのも分かります。数で測れないことは多いですし、人が何を信じるか・信じないかという自由と尊厳を大切にすべきだと思います。地域に仕えることを通してこそ、教会への信頼を得るというのも分かります。しかし、それらのことは福音を明白に共有する機会の意義を、その位置を失ってよいということにはならないでしょう。

終わりに――教会の包括的な働きの視点から

時間が無くなってきましたので、終わりに向かわねばなりません。かつて、D・ゼレという現代ドイツの神学者は教会の基本的な働きをケリュグマ（福音の告知）、ディアコニア（人と社会への奉仕）、コイノニア（主にある交わり）の三つに区分して説明しました（『神を考える』一九九六年）。例えば、こういった理解を参照して、新型コロナウィルス感染症の拡大する中で、教会の活動が大きく制限される状況でいったいどのようにこれらの働きを保っていくのかという議論もあり得たと思います。今日のエキュメニカルな文脈では、より包括的に、教会の宣教に関わる働きの基本的な要素が確認されています。先ほどの『いのちに向かって共に／教会』の内容とも重なってくるのですけれども、日本キリスト教協議会による二〇一九年の宣教会議では、教会のなす宣教の働き全体を「包括的宣教」と表現して、その基本的な要素を次の五つのキーワードとその説明によってまとめていました（「ＮＣＣ宣教宣言二〇一九」）。すなわち、ケリュグマ――み言葉に聴き、伝えること。ディアコニア――世界、社会の必要に応え、仕えること。マルトゥリア――生活の中で福音を具体的に証しすること。レイトゥルギア――祈り、礼拝をささげること。そしてコイノニア――主にある交わり、共同体となること。キリスト教の初期の時代から大切にされてきたこれらを基礎とし、大切にしながら、今の時代にどのような交わりをつくり出していくのかというのがそこでの総括の言葉の一つでしたが、この点は私たちも共有する課題であるように思います。

先の教会にとっての五つの根本的な要素はそれぞれが深く結びつくものです。将来を視野に地域と教会について考えようとするこの時、例えば教会の地域奉仕や、教会内や教会間の関わり、教会と地域の関係などが具体的なものとして浮かび上がってくるわけですが、それらを広い宣教の理解の根本から改めて考え、位置づける視点も必要になると思います。

さて、最後は急ぎ足でしたが、エキュメニカルな視点をも意識しながら、将来の地域における教会について、その宣教について、特に実践神学の中でも宣教学やその関連領域の視点を参照しつつ考えてきました。ある神学者が、教会の最も根本的なミッションは「教会が教会であること」だと語っていた記憶があります。言葉を加えて、ミッションは、それぞれが置かれた時代、地域、状況の中で「教会であること」だと言ってもよいでしょう。これからを念頭に、私たちの置かれたこの時代と状況で、地域において教会であり続けるとはどういうことかを考えるために、少しでも資することが出来たなら幸いです。午後のプログラムも含めて、続けて一緒に考えていきたいと願います。

招待講演

明日の地域と教会

多摩地域の事例から

大石周平

大石周平（おおいし・しゅうへい）
日本キリスト教会多摩地域教会牧師
2006年日キ神学校卒業後より、柏木教会の主に多摩集会所（現多摩地域教会）を担当する伝道師。2009年チューリヒ大学留学（神学部博士課程中退、旧約聖書学）。2014年より府中中河原伝道所牧師となり、2018年府中中河原教会建設、2023年多摩地域教会建設に関わる。日キ神学校旧約学講師、同校附属カルヴァン・改革派神学研究所所長。その他、明治学院大学、青山学院大学、日本聖書神学校、聖心女子大学の非常勤講師として出校。

一　はじめに――「中央フリーウェイ」の高架下を、電動自転車で越境する

二〇二三年四月三〇日、「日本キリスト教会多摩地域教会建設式」が執り行われました。私たちの教派（以下、日キ）としては初めての、複数礼拝所をもつ一教会の誕生です。二礼拝所の前身は「府中《ふちゅう》中河原《なかがわら》教会」（府中市）と「東京中央伝道所」（国立市）という二教会。どちらかの歴史の幕を閉じて「吸収合併」（統廃合）するのではなく、対等な「新設合併」による新しい教会の建設により、弱さを担い合いながら並走することが約束されました。教会堂はそれぞれ「府中中河原礼拝所／国立《くにたち》谷保《やほ》礼拝所」と呼ばれますが、「多摩地域府中中河原教会／多摩地域国立谷保教会」との通称も可能です。ホームページで住所を確認し地図検索をしていただければ、二礼拝所の位置や距離感もわかりやすいでしょうか。地図上で、西に伸びるは「中央道」。若きユーミンこと荒井由美さんが、「中央フリーウェイ」と呼んだあの道です。ただしこれに乗ると、都心から延びて多摩丘陵を臨むや、あっという間に教会を過ぎて八王子に至ってしまうのでご注意ください。むしろ、お運びいただきたいのはその高架下。府中市と国立市の境を越える私の電動自転車が、通常一二、三分ほどかけて辿る道のりです。ユーミンは、「調布基地（現「味の素スタジアム」）を追い越し」、府中に入ると「右に見える競馬場、左はビール工場」と歌いましたが、実際のところ中央道は両脇が側壁で覆われて、外景など見えはしません。「この道はまるで滑走路、夜空に続く」と歌いつつ「流星になったみたい」といって高く飛び上がる詩人の想像力なし

に、車窓から府中の街並みは臨めないのです。もしも皆さまが「都心」から「郊外」への一足飛びの越境をよしとせず、ところどころに残る田畑が織りなす風景と、それぞれの土地柄を楽しもうとなさるなら（あるいは土地本来の風情からすると違和感もありますが、府中競馬場やサントリービール工場を右に左に目にしたのちに、ジブリ映画『耳をすませば』で「コンクリート・ロード」と歌われた団地風景を繋ぐ橋を通り、多摩川を渡ろうとなさるなら）、中央道からは降りる必要があります。そうして下の道をゆく機会には、「右に国立谷保、左は府中中河原」と字余りの替え歌でも口ずさみながら、ぜひ教会にお立ち寄りください。日曜に来てくだされば、礼拝を一度でも二度でもご一緒できるので嬉しいです。

二　点と点を結んで面をなす、立体的な教会の視座

まずは、礼拝を始めとする現在の教会の様子（四章以下）をご案内する前に、合併の経緯についてお話しします。時系列をすべて辿ることはできませんが、二教会が結びついた背景として、説教者不足（本章）と災禍の体験（三章）の二つの問題があったことを振り返ります。それらに向き合う中で、どのような教会のあり方を選び取るに至ったかを、合わせてお話しさせてください。

①牧師不足の現状から

日キの多摩・相模原地区牧師会に集っていた六つの群れの牧師五人のうち、私だけが四〇代半ば。二〇二三年中に齢《よわい》八〇となられた御三方を含め、私以外は皆（定年なき日キとはいえ）、遅かれ早かれ引退を考える時期に差し掛かっていました。教会員の平均年齢も高い現状を考えると悠長に構えてはいられません。府中中河原の群れは二〇一八年一二月に、いわゆる「独立教会」[1]の建設に至ります。しかしそれは、五年もすれば近隣教会と支え合う新体制に移ることを見越した、いわば条件付きの独立でした。

教会建設を決めた当の総会で、すでに次の現状把握がありました（中会提出の総会報告より）。

「多摩・相模原地区において、各地の教会の歴史を重んじながらの協力体制が今後求められることが示唆されてきたが、本総会でも、長老にふさわしい会員がいる他の伝道所に働きかけて、『兼牧による教会建設』という兼牧の積極モデルが生まれる可能性が指摘された。そこで、教会の経済的逼迫や地域の人的不足に備えるべき五年間として、二〇一八―二三年が位置付けられた」。

この資料からは、近隣の牧師が一人引退した場合には兼牧体制に移行して財政不安に対応しよう、と当時考えていたことがわかります。ただこれは、消極的な対応とは見なされていませんでした。各個教会主義（教会の孤立）や牧師中心主義を乗り越えるべく、信徒代表たる長老を、これまで長老がいなかった群れからも選ぼうという前向きな姿勢がありました。複数の群れを行き来する牧師を現地で迎える信徒リーダーが、牧師と共に教会形成の責任を負う「長老制」を整えようというのです。

結果として二〇二三年四月に生まれた多摩地域教会は、この線を進めてさらに新しい形をとりました。すなわち、長老も一つの群れだけでなく複数の群れに関わり、牧師と対等の責任を担う体制です。この教会では、牧師謝儀を礼拝所間でプール制にし、会計全般もできるだけ統合するだけでなく、二つで一つの地域教会共同体を有機的に形作ることを目指します。「有機的」とはこの場合、霊的かつ身体的に生きた信徒の交わりがあるということです。長老を中心に、信徒によって点と点が結ばれて面の広がりが意識されるとき、教会の宣教奉仕は、次第に社会的な意味を持つものにもなるはずです。そうして信徒の生活圏内のさまざまな場所、互いが行き来する道が、教会の祈りの現場になります。そのとき教会は、天に向かいつつ各地に開かれ、立体的かつ複合的な姿を表すのではないでしょうか。「地域教会」とはその意味で、信徒の多様な交わりによって開かれる共同体です。

このたびの教会建設の経緯を振り返ると、牧師たちの声かけにより、教会の新しい形が示され始めたことは事実です。しかし、やはり特別な意味があったのは、二教会の信徒代表者たちが労を惜しまず毎月集まって、新しい教会を建て上げる働きに参与したことでした。その経緯はもう少し丁寧にご報告させてください。

②信徒代表が心を通わせた合同委員会

地域教会建設の可能性を吟味し始めた頃の私からすると、当の東京中央伝道所の久保義宣牧師（当時）が、ほどなく基本線に賛意を示してくださったことはありがたいことでした。二〇二一年二月に「複数礼拝所をもつ一つの教会――多摩地域教会建設の幻」という発題をした私にすぐに応じて、次のようにお声掛けくださったのです。「あと二年で僕は辞めるから、後継を探すよう伝道所委員に伝える。だが昨今の牧師不足は深刻だ。地域教会の建設が実現可能か、兼牧からはじめる可能性があるか、伝道所で話を聞き、検討を始めたい」。この言葉がきっかけで合同委員会が立ち上がり、二牧師と府中の四長老・国立の五委員が七カ月間毎月集まっては何時間も腹を割って語り合う、素晴らしい準備期間が続きました。これが二教会の総会を経て「多摩地域教会建設実務委員会」に展開。さらに七カ月、教会に関する基礎の学びを重ねながら、実践上の課題を一つひとつ潰す作業が行われました。翻って何が幸いだったかといえば、牧師の引退後に慌てて外から対応するのでなく、引退数年前から当の牧師も一緒に、両教会の長老・委員たちを巻き込んで、皆で準備に入り得たことです。またこの間、私たちは同時に、合同のイヴ讃美礼拝や信徒の集い、説教者交換を重ね、少しずつでも信徒間の交流を促すことを目指しました。

③複数職務性の実現

準備段階で結んだ信頼関係は、地域教会のあり方を方向づけもしました。互いを知り、信徒の賜物の多様性を確認する過程で、それに対応する複数職務制を導入する決断ができたのです。両教会は長老だけでなく、ディアコニア（＝教会内外の愛の奉仕）のリーダーシップをとる執事を立てることに意見の一致をみました。長老が存在した府中の教会にも執事会はありませんでしたので、教派内では多摩・相模原地区で初めて、按手を受けた執事が誕生したことになります（六名も！）。それまでは、小さな教会のゆえに長老が執事的な働きもまとめるという、いわば「集権型」の内向きな教会組織でしたので、これは大きな変化です。

もちろん、執事的な働きは、キリスト者であれば誰もが負う務めです。「万人祭司」という表現に倣うなら、「万人奉仕」が前提。その意味では、個々人として教会内外で、隣人に愛をもって仕える教会員はいたのです。しかし、それが個人のわざに留まり教会的な務めとは数えられない、という課題がありました。執事職を立てても、新たな社会福祉事業に参与したり、大きな展開が見込めるわけではありません。しかし、すでに信仰に基づいてなされている愛の奉仕を、教会的なわざとして共に担うことであれば、現実的な展開も期待できます。

日キでは、執事任職にあたって按手をするかどうかの規定はありません。多摩地域教会では、聖書的な根拠（使徒六・六など）を探した上で、牧師・長老との対等性を強調する意義を認め、按手を伴う職務としました。こうして牧師・長老・執事の三職が、務めの違いでは区別された上で対等に責任を負います。教会として、いわば「分権型」（三権分立）の均衡を重んじる体制です。

④執事の務め

参考までに、執事の働きをまとめた「多摩地域教会Q＆A」を抜粋してお分かちします。

問一〇　執事会が組織されるのですね。改革・長老教会の伝統では、万人祭司の強調点を保ちながらも、賜物に応じた複数職務制を大切にする、と学んだことがあります。

答一〇　大切な伝統です。第一に、キリスト者のだれもが、①礼拝の交わり、②祈りと告白の訓練、③伝道ないし宣教、④愛の奉仕、⑤証しの生[2]といった、教会的な務めに召されています。その前提のもとで、第二に、それぞれのリーダーシップをとる牧師ないし教師、長老、そして執事の三職あるいは四職を主が教会のために立ててくださるならば、キリスト者の働きは教会共同体の働きとして、いよいよ豊かに実践されます。

問一一　私たちの教会にはこれまで執事会がありませんでした。執事の務めについて説明してください。

答一一　執事は、「教会の奉仕の務めにつくために任職された者」（憲法第九条第一項）です。執事職とは、「教会内外の精神的、肉体的、経済的助けを必要とするところにもかかわっていく……世にある教会がつねに担うべき奉仕の働きです」（『教会員の生活』、四五頁）。端的に言ってそれは、十戒の第二の板の実践であり、隣人を愛し、「苦しんでいる人々に奉仕する」務め（エルシー・アン・マッキー『執事職』、一三頁）です。これまで執事を欠いた私たちの教会では、（憲法第九条第二項に基づいて）小会が執事的働きも兼務してきました。しかしこの機に、多様な賜物と働きに応じ、ふさわしく役割を分担したいと考えます。そうして「キリストによって、体全体は、支えとなるすべての節々でつなぎ合わされ、一つに結び合わされて、それぞれの部分は分に応じて働いて、体を成長させ、愛の内に造り上げられてゆくのです」（エフェソ四・一六）。

問一二　新しく組織される執事会には、具体的にどのような奉仕が期待されますか。

答一二　新しい教会の執事会には、牧会協力のほか、隣人愛を目的とした会堂管理と会計管理の実務、地域に根ざした伝道奉仕のリーダーシップが期待されます。定例の「執事会」を行い、会員の消息を確認し、家庭や病院等の訪問、礼拝への送り迎えの計画を立てます。また、教会堂やお金をどう用いるか、オープンチャーチ等の地域奉仕をどう展開するかを話し合う場をもち、記録を小会に報告します。地域の福祉団体、支援金受け入れ先などとの教会の連絡窓口ともなるでしょう。とくに、執事会から選出された会計担当執事は、小会選出の会計担当長老とともに、礼拝献金の集計実務を行い、愛の奉仕を重んじる視点をもって、会計管理に携わります。

以上のように、概して極めて伝統的な長老制度の教会を形づくる、といえばそのとおりなのですが、それによって、牧師中心主義や発展的教会モデルを乗り越える目標が明確になりました。世の人も、実家から出た後に、下宿やアパート暮らしを始め、一軒家かできればタワーマンションへ、と社会的ステータスが発展する人生ゲームを必ずしも見通さなくなった昨今のこと。教会も、家庭集会から集会所、伝道所へ、そしてついには独立して大教会へ、という発展モデルを抱くことが、当たり前でないことは明らかです。むしろ、被災地の避難所や痛みを負う現場から始まる地域コミュニティのように、愛を土台になんとか情報も人材も物資も共有しつつ、知恵を振り絞って支え合う「痛みを負い合う共同体」の形成が必要になるでしょう。たとえば執事が会計に関わる理由は、その辺りの愛の視座を教会が明確にするためです。

⑤オープンチャーチ

第一二問で言及された「オープンチャーチ」とは、府中の教会堂建築（二〇一六年）以来行われてきた、ディアコニア精神に基づく地域集会です。それまで対外的な集会といえば「伝道集会」という名称で、宣教目的の宗教活動が中心でした。対してこの集会は、宗教色を出さずにむしろ地域のニーズに応じる目的で始まりました。会堂のお披露目を目的とした第一回を除けば、毎年夏に地域の子どもや若者向けの交流イベントとして開催します。第二回以降の内容は以下のとおりです。

二〇一七年

「スイス・デー」と称し、チューリヒのバプテスト教会から青年団九名を迎えて国際交流プログラムを行った。絵本『ちゅりこのはっけん、チューリッヒ』（ラヘル・ニーフェアゲルト作、邦訳大石周平）の作家本人による朗読劇のほか、ゲーム大会を行った。メインはスイスの編みパン

「ツォプフ」作り。教会で捏ねたパン生地を、障がい者労働支援を行うパン屋「ラ・パン」さんに持ち込んで焼いていただいたのち、教会で分かち合った。参加者には上記の絵本が「人はパンのみにて生きるにあらず」と書いた手作り栞と共に贈られた。

二〇一八年

主題は「平和の小舟――いま、あの時代《とき》を心に刻み、こぎだそう」。この年、I Can のノーベル平和賞受賞を報じる子ども新聞が地域の小学生に配布された。紙面上でピースボートの語り部として笑顔を見せた広島出身のヒバクシャ三宅信雄さん（東京主僕教会元長老）を教会に招き、平和と核の問題について考えた。平和研究に携わるドイツ人のインゴ・コッホ牧師も、所属するスイス改革派から研修休暇をとって駆けつけた。「信雄少年」に関する紙芝居を、教会の「朗読奉仕の会」が朗読。昼食には、パレスチナで愛されるフンムスやサラダを挟んでピタパンを食べた。毎年恒例となる、各家庭に眠る絵本や児童書の交換会も始めた。

二〇一九年

主題は「韓国語を学んでみよう」。韓国の歌が大好きな子どもたちの声に応じる形で、鄭詩温さん（在日大韓基督教会大阪教会・神学生［当時］）をお迎えし、ゲームを織り交ぜハングルに触れ、韓国語でうたった。自分たちで焼いたチヂミも好評だった。

二〇二〇年

コロナ渦中のためオンライン開催。主題は「ご近助（！）の居場所づくり――コロナ時代のとなりびと」。ゲストは、「こどもの居場所づくり@府中」代表の南澤かおりさん。オープンチャーチ二〇一六で協賛団体に名を連ねてくださった一般社団法人ヴィフ（「ラ・パン」経営）を通して紹介されて以来、こども食堂やパントリーの活動を応援してきた関係で、講演会が実現。こども食堂の現場の声をうかがった。

二〇二一年

コロナのため開催を断念。日キ神学校附属カルヴァン・改革派神学研究所の公開講座「災禍において改革された教会——その祈り、告白、実践の歴史と現在」シリーズの「コロナ禍に信仰のいろはをつづる」と題する講演会（講師ニクラウス・ペーター）に協賛団体として連なった。

二〇二二年

主題は「『フツー』って何だろう？　わたしは日本人？　外国人？　それともエイリアン?!」。コロナの影響で子どもプログラムは中止、青年プログラムのみ開催。ゲストとして、難民問題の研究者であり、テレビ出演でその日本語知識が話題になったアメリカ人ニコラス・クレンシャーさん（習志野教会）と、府中市内で多文化共生プラットフォーム作りの仕事に携わっていた櫻井恵太さん（横浜海岸教会）という青年二名を迎え、中会所属の青年たちを招き、対談と「しゃべり場」のプログラムを行った。

二〇二三年

多摩地域教会となって最初の地域集会にして初の音楽会。主題は「いのりをかなでるバイオリン——こころをたかくあげるひととき」。ゲストに、バイオリニスト大井阿貴子さん（バルセロナ在住、当時神学生）と大井真智子さんの姉妹を迎えた。音楽による祈りの体験ののち、参加者から集めた「祈りの花束」（平和の願いを綴った言葉集）をまとめ、教会内外に掲示した。
二〇二四年
ゲストに在日コリアンのルーツを持つラッパーFUNIさんを迎え、生きづらい世にあって心に閉じ込めた声にならない声を言葉化し、自分を再発見しつつ他者を知る「ラップ・ワークショップ」を行う。ある高校のゴスペル部とのコラボレーションを企画したが、休み明けの始業日と重なり断念。次の展開に期待する。

以上、毎回二〇―四〇名ほどの参加者を迎えるオープンチャーチに至るまで、ここまでは公的なレベルの動きを中心にお話ししました。

三　災禍の体験――祈りの連帯から始まる共生

ここでもう一度、合併経緯の話題に戻り、二〇一八年に新しい牧会体制への準備が始められてから、地域教会構想が二一年に動き出すまでの期間に触れます。国立で五〇年・府中でまもなく四〇年となる歴史の中で、牧師会の繋がりを除けば交わりの機会がなかった二教会。長老・委員が連絡関係に入り、一九年に合同イヴ讃美礼拝を始めたことを除けば、この間の交流は進みませんでした。私たちをより深く結びつけたのは、地道な交流の努力であるより先に、むしろ、急きょ高まった危機意識でした。つまりは災禍と感染症の特別な事態が祈り合う機会を与え、新しい教会形成へと駆り立てる力になりました。より正確にいえば、災禍は二教会の交流を途絶えさせもし、結びつけもしたのでした。

①多摩川の氾濫

第一に、多摩川を氾濫させ四〇戸を襲った一九年の大水被害がありました。教会に被害はありませんでしたが、不安の中に助けの手が差し伸べられたことは、私たちにとって大事な経験となります。

国立の会堂は「富士見台」と呼ばれる小高い丘の上にあります。府中中河原の牧師館からも冬は富士山を臨めるのですが、こちらは低い土地で、かつて「中河原の渡し」があった川べり近くに位置します。そのため、ハザードマップに塗られた色が違うのです。多摩川の氾濫時ともなれば、中河原あたりは浸水の恐れがあるとして、地図は真っ赤な警告色。あの日は、実際に橋が決壊した玉川上水や、マンションの浸水被害が報道された武蔵小杉だけでなく、教会にほど近い関戸橋付近でも警報が鳴りました。すると、すぐに久保牧師がお電話で、国立の会堂に家族で泊まるようお招きくださったのです。教会員に楽観視する声もありましたから、牧師がいち早く逃げる身振りを取ることには躊躇を覚えましたが、咄嗟に私は以下のように応じてお言葉に甘えました。牧師と家族があえて「避難所」である教会堂に一番に入り、いよいよのときには教会員をはじめ、必要な方々を迎えるために備えたい。そうすることは、今後の災害対応時に二教会が連帯する道を開くためにも良いかもしれない、と。こうして国立の礼拝堂の長椅子を二つで一つのべッドにし、結局は何事もなかった静かな夜を過ごしたのでした。この経験は、一つの群れの災害時に、他方の「助けの構え」が重要になることを、実体験として心に刻む出来事となりました。

なお、地域諸教会の非常時の協力関係は、教派を越えたレベルでこそ求められるものです。現在私は、府中市と国立市、二つの生活圏で超教派による牧師会に加えられ、通常に倍する出会いを喜んでいます。特に今年の三・一一記念日には、諸教会合同の祈り会を行うことになりました。災害対策や地域福祉に関わる具体的な祈りと実践報告を共有し、今後の連帯可能性について話し合う機会です。

② COVID-19 の流行

水害に続いて、第二にコロナ感染症が、二つの群れを祈り合う関係へと駆り立てました。確かに客観的には信徒間交流や情報共有の道が閉ざされ、それぞれで対応に追われたというのが事実です。しかも実践的には全く違う判断をし、神学的にも異なる強調点を選びました。にもかかわらず、私はこの出来事が、二教会を違いもそのままに祈り合う群れへと成長させたと考えています。

二〇二〇年四月末、国の緊急事態宣言に数日先立って、府中中河原教会臨時小会は、「特別な信仰告白の事態」を認め、礼拝堂の扉を閉ざして個々の家での礼拝を、互いの祈りで結ぶ決議をしました。式文・説教・牧会書簡を各家庭に送り届け、礼拝堂での礼拝は牧師家族が守りました。のちにはオンライン／オンデマンド礼拝も導入します。他方、東京中央伝道所は、聖餐礼拝を休むことなく対面のみで続けました。全く異なる対応！　府中の群れは、持病を抱える高齢者が多い現状に鑑み、「安息日のために人があるのではなく、人のために安息日がある」（マルコ二・二八）という御言葉を掲げて苦渋の決断をし、コロナ以前から礼拝に集えなかった病者や高齢者と同じように、皆が隔離された視座に立つ経験を重く見ました。国立の群れは、聖餐礼拝こそ信仰者の生命線だとしてこれを死守し、出席については個々人の自由な、責任ある判断に委ねる決断をしました。ルカとマタイの違いにも似て、前者は信仰に基づいて弱さを見つめ、後者は自然を凌駕する御言葉の権威と、そのもとで生きる信頼の強さを示したのでした。当時の府中の「牧会書簡」に、対面礼拝を続ける近隣教会が、聖餐卓を囲むことができない私たちを覚えて「執りなしの祈り」をしてくださったことが報告されています。

「……お隣の教会で実践されている聖餐の交わりの中で、私たちのことが覚えられています。弱い私たちもまた、祈りにおいてかろうじて主にある食卓の交わりに連ねられている、その事実のうちに、私たちの『聖餐共同体』『礼拝共同体』としての内実はあるといえないでしょうか。つまり、『中会（地域教会）の教会性』において、私たちはなおも聖餐を重んじる教会であるのです」。

コロナ対応について議論する場ではないので、問題は開いたままにしておきます。ただし、違いが原因で両者が引き離されるどころか、かえって祈りの連帯に導かれたことは、私たちには大切な体験でした。

四　二礼拝所のハーモニー――一つの福音の二局面

ここでまた現在に戻り、昨年来の礼拝についてご案内します。

「国立谷保礼拝所主日礼拝」は、午前九時半から始まります。前日のうちに移動して備えたいと考え、国立の牧師室に、新約学や教養学関係の書籍、辞書等の本棚を整備しました（一方旧約学や歴史の本棚は府中に）。押し入れには簡易ベッドを仕込み、ドラえもんのように快適に週末の夜を過ごすこともできます。礼拝では「福音の共観《ハーモニー》」という共通主題のもと、共観福音書の講解説教を行います。聖書はこの機に、新共同訳から聖書協会共同訳に切り替えました。先立つ府中の祈禱会で一年半かけて訳文を吟味した上での判断を、国立でも受け入れた形です。説教シリーズは、マルコの順序に従った連続講解。ただし並行箇所を共観した上で、国立ではマタイの強調点を説教の帰結とするように語ります。一時間ほどの礼拝を終えると、ほどなく「谷保のカルメル山」と私が勝手に呼ぶ丘の急勾配を自転車で、預言者エリヤのような気分で駆け降ります。「府中中河原礼拝所主日礼拝」は午前一一半から。こちらでは、ルカの強調点が伝わるように原稿を整えるため、一教会一主題のもとで、同じ福音が二局面から説教されます。

礼拝歌集は、府中では『讃美歌一九五四年版』、国立では『讃美歌21』が使われていました。「使徒信条」も、府中では断言調の古い訳文、国立では口語訳文で、違いがありました。多摩地域教会では、信条は礼拝所ごとに違うまま受け継ぎ、歌集は各礼拝所の「基礎讃歌集」として従来のものをそれぞれ引き継ぎました。ただし互いの基本歌集や、さらには「ジュネーヴ詩篇歌」（改革教会礼拝讃美歌集『みことばをうたう』）からの選曲も認められます。ジュネーヴ詩篇歌には全一五〇篇の詩篇だけでなく「使徒信条」「十戒」「主の祈り」を歌う伝統も保たれており、一致の土台としての「三要文」を大事にしつつ、告白讃美がいよいよ豊かになることが望まれます。

五　教会とは何か――「私たち」の枠組みを問う

　課題にも触れておかなければなりません。礼拝は、そして教会は、誰に対しても開かれたものとなっているか。地域教会建設を機に、説教者・牧者として改めて考えさせられているのはこの問いです。二つの群れのいずれにあっても、ここ一〇年ほどの間に、礼拝における子どもの位置付けが、周縁から真ん中に変化してきました。伝統的には、聖餐に与る「現住陪餐会員」が当然のように大事にされ、大人中心の礼拝が守られてきた教派です。すなわち「聖餐共同体」に招き入れることが礼拝であり、これまでの宣教の中心課題でした。しかし近年では、小児洗礼を受けても信仰を公に告白するまで聖餐に与ることができない「未陪餐会員」もまた、礼拝の重要な担い手であり「契約の民」の一員だと意識されます。教会とは何か、その定義は多層的です。それは当然ながら「洗礼共同体」をも意味していることが、小会で注目され始めています。

　では、教会の定義はそこに留まるものか。否、「求道者」という古い言葉もありますが、特に道を求めず恋人や友人・知人の誘いに応じた人や旅人も含め、多様な「隣人」たちが「礼拝共同体」の中にいます。礼拝の顔ぶれの奥に学校が見え、職場が見え、社会や世界の諸舞台が立ち表れる。つまり礼拝にはすでに地域社会の縮図があり、教会はその意味で、おのずから外に開かれたものです。それは「地域／社会共同体」と（同じではないにしても）切っても切り離せない。もっと言えば、地域社会が、建物としての教会を越えて、私たちの教会形成の現場です。

ところで一昨日のこと（二月一七日）、多摩地域教会として初めての葬儀を行いました。式後、ノンクリスチャンの参列者のうち、ある教会員のお連れ合いが私にこのようにおっしゃいました。

「『かたくりの会』をしませんか。」

「え、何ですか」と私。

「夫婦の片方だけクリスチャンの人たちが、牧師を囲んで自由に話ができる会です。どちらかが亡くなった時の葬儀についても、相談したい。」

「なるほど、それはぜひ！」

教会共同体には会員に留まらず、より広く親愛で結ばれたファミリーがあることを思わされます。その方々との交わりもまた、教会的な交わりです。もちろん、教会は、檀家制度をとる「家」でもなければ、結社や会社《コーポレーション》、政党やクラブ、サークルなどとは違います。しかし、二人または三人が出会う、そこにキリストの名において結ばれた関係があるのなら、そこに私たちは、愛と信頼に根ざした教会性を体現するよう召されているはずです。なお、従来二つの群れは礼拝で「招き」を強調する傾向があったのですが、地域教会では「派遣と祝福」の強調点を意識します。礼拝所の外へと出かけていき、組織としては目に見えない「教会共同体」に開かれてあるためです。日キ憲法序文にもこう記されています。

「神は、全人類のうちから、救いのご計画に従い、あらかじめ定められた無数の人々を召し、彼らによって、世々その恵みと真理とのすぐれて豊かなことをあらわされる。これが、活ける神の教会・キリストのからだ・聖霊の宮であって、全てのものをすべてのもののうちに満たしているかたが、満ちみちているところである。この集団は、全世界全時代の聖徒からなっている。……この聖なる公同の教会は、見えない教会であるとともに、また見える教会として地上に存在する。これに属するものは、国の異同・人種の区別・階級の差異を問わず、すべて、父・子・聖霊なる唯一の神を信じ、主イエス・キリストの救いにあずかり、……神の国をひろめて、みこころの成就を志すものである」。

小会から地域レベルの教会・中会、そして全国規模の大会へ、さらにはアジアを経て世界へ。私たちの目に見えて小さな歩みも、主の見えない共同体に連なるよう招かれていることを信じます。一方、憲法序文に照らして省みることは、礼拝という場でも、世代や性、民族や社会的属性により線引きがなされ、棲み分けがあるという事実です。「全世界全時代に」開かれるはずの教会に、分離・隔離された人がないかどうか、絶えず「私たち＝身内」の在り方を問う作業が必要です。

日曜（教会）学校が組織されていない私たちの教会では、子どもと大人が一緒に礼拝をしてきました。コロナ前までは「こどもの説教」を含む二説教が一つの礼拝式次第に組み入れられていましたが、今はできれば一つの説教で、世代を越えて誰の心にも何かが残るメッセージを届けられないかと葛藤しています。例えば、文豪シェイクスピアの物語では、街外れの卑語から女王の雅語まで縦横無尽に用いられ、観劇した誰もが何かしらの感動を受け取ります。イエスの譬え話のように、さまざまな主体客体が登場する語りは、説教の模範となるかもしれません。合わせて、母語が日本語でない方を前に「やさしい日本語」を身につける訓練もしたいと思います。

六　合同礼拝、説教応援、祈りの会

①合同礼拝における喜ばしい一致

多摩地域教会では年に数回、普段は別々に礼拝する皆が一堂に会する「二礼拝所合同礼拝」を行います。普段は「多声」を強調する私たちが、「唯一の、聖なる、公同の、使徒的な教会」（ニカイア信条）としての「一致」を確認する機会として重要です。毎年、定期総会時や「信徒の集い」を行う宗教改革記念礼拝時、イヴ讃美礼拝時、そして洗礼・信仰告白を伴う聖餐礼拝時に一堂に会します。昨年から今年にかけては一〇代三名を含む四名が信仰告白をし、聖餐を囲む喜びをこぞって味わいました。

②説教応援と「地域」の広がり

さて、午前中に二礼拝が行える距離感のおかげで、午後には月に一度の説教応援も継続できます。長老の車で一時間半の道のりを行き、神奈川県相模原市内の渓谷に佇む恵泉伝道所の礼拝に出席すると、「地域」を見つめる教会の視野も広がります。ここは、かつての僻地医療伝道地で、教会と共に建てられた診療所の閉鎖後は特に、町から離れた立地のゆえに、宣教の困難が大きな場所です。

ところで多摩地域は一三〇年前、大日本帝国憲法制定直後の東京移管措置（一八九三年）以前には、一時期神奈川県に属していたことをご存知でしょうか。自由民権運動が盛んだった三多摩は、この移管措置により分断され、力を削がれました。この時玉川上水もまた、コレラが都心に流れ入らないための水際対策の要請もあって、都の管理下に置かれます。この分断がなければ私たちの目は、相模原の地域をより近しく見つめていたことでしょう。今広い意味でのこの「地域」は、北多摩は主に米軍基地の影響、相模原は複数の汚染源の存在が疑われますが、いずれも有機フッ素化合物PFAS（ピーファス）による水の汚染に晒され、行政区分に関係なく同じ悩みを抱えてもいます。社会的な課題一つとっても、広くは同じ地平に立つ教会として、もとより情報共有や共働が必要な状況もあるのです。地域教会における「地域」の輪郭線は、このようにしていつも問われ、広がりうるものだと気づかされます。

③聖書の学びと祈りの会、長老の研鑽

平日の集会は今のところ一つです。毎週木曜日、奇数週は府中中河原、偶数週は国立谷保を会場に、「聖書の学びと祈りの会」を行います。今年はヴァルター・リュティ著『我は初めなり終りなり』を読んで、キリスト中心的なメッセージを受け、祈りにおける一致を感謝する時を過ごしています。先立つ昨年四月から一二月までの学びの主題は「信仰告白のハルモニア」。多声を強調する主題でした。古代の諸信条を学んだのち、宗教改革期の一二の信仰告白を主題ごとに共観表にまとめました。この時は新任長老・執事の研鑽の時となるよう、通常よりも一歩踏み込んだ学びをしました。礼拝所ごとに二名ずつ立てられた長老は熱心で、日キ神学校による信徒説教者養成の通信講座も受講しました。私たちの複数礼拝所体制は、近い将来、小会の責任のもと、信徒説教者をも正式に認める形で持続可能なものになるのではないか、との見通しもあります。

七　おわりに——区別すれど分離せず、一致すれど混同せず

その他、会計実務や宗教法人格統合、共同墓地についてなど、皆さまの関心は別にもあったはずですが、時間がなく恐縮です。最後にまとめと展望を示すため、もう一度多摩川の北と南が見渡せる地図を、今度は路線図付きでお開きください。

週ごとの自転車による越境は、雨や稀な雪に阻まれることがあります。その際は、電車での遠回りを余儀なくされ、乗り継ぎによっては三倍時間がかかります。中央道と同じく線路も基本的

には都心に向けて、上手《かみて》に向かって方向づけられ、北多摩の右手と左手を繋ぐ線には迂回路しか用意されません。それが、二会堂を一つに吸収合併できない理由の一つでもありました。首都圏の教会の典型か、遠くより電車やバスで通う人が多いので、一方を閉鎖すると通えなくなる人が出ます。地理的に近いのに、社会的には隔てられた二つの場所をなんとか繋ぐ私たちの足や弱虫ペダルはその意味で、中央集権志向に抗い共に生き抜く歩みの象徴だ、というと大袈裟でしょうか。かつて国立の開拓伝道を始めた初代の佐藤實牧師が、小さな群れを「東京中央伝道所」と名付けた気概がわかる気がします。どこが「中央」かは、必ずしも明治期以降の国家形成やインフラ整備に準じて理解する必要はない。「地域」の輪郭づけも然りです。

ともあれ、都市部の教会形成において、電車の利便性を見極めることは、礼拝出席者の現実問題としては重要です。府中中河原教会の前身たる「多摩集会所」から、より明確に拠点を定めた「府中中河原伝道所」建設に繋がる流れの中で、母教会の柏木教会小会は、公共交通機関の動線に配慮しました。西方への伝道拠点となる土地建物を探すにあたり、教会員が通いやすいことが必須条件だからです。また、同教派の伝道所が国立谷保にあるため、JRの沿線上に新たな教会を建てることは現実的でないとされました。世田谷以西の北多摩で、京王線沿線には日キの教会が一つもないことが決め手となりました。

教会には、このように選び取られたそれぞれの足場があり、役割分担があることの重要性と、分離に抗って越境し、隔ての中垣を乗り越え一致連帯する重要性と、どちらも大切にするバランス感覚が必要です。カルケドン信条のキリスト論に関する古い知恵の言葉を思い出します。

「区別すれど分離せず、一致すれど混同せず」。

二つの人格が均衡を保ちつつ有機的に交わることを示すこの言葉は、本日のまとめの句にもなりえます。地域教会のあり方で迷う時、常に立ち返るべき参照軸は、この言葉だと思います。

最後になりますが、京王電鉄の南多摩に枝分かれする路線には、中河原から自転車三〇分圏内に、日キの多摩ニュータウン永山伝道所があります。この群れとの均衡のとれた関係結びが、もっか一番の課題であり展望です。持ち場を大切にしつつ愛をもって越境する。そうして二つまたは三つの群れが重荷を負い合い集うところ、主が共にいますことを私たちは信じます。

（1）日キにおける独立教会とは、小会（＝一個教会の長老会議）を組織し、人的にも経済的にも中会（＝広域地域の教会会議体）の支援を受けず、むしろ中会や大会（全国の教会会議体）を支えるべく立つ長老教会のことです。その条件は、牧師と対等の立場で教会形成・教理擁護の責任を担う長老がいることと、経済的な自立がなされていること。一方で、教会は教会でも長老が選出されず、中・大会からの人的経済的な支援を必要とする教会を「伝道所」と呼び、独立した教会とは区別します。

（2）教会形成の五本柱：古来の伝統的な用語では、①コイノニア、②ディダケー、③ケリュグマ、④ディアコニア、⑤マルテュリア。

パネルディスカッション

明日の地域と教会

それぞれの現場から

Ⅰ　現場報告

東島美穂、向井希夫、宮本幸男

東島美穂（ひがしじま・みほ）
関西学院大学神学部卒業。1996年度～日本基督教団前原教会担任教師。1999年度～福岡城東橋教会担任教師。2001年度～男鹿教会担任教師、2008 年度～八郎潟教会兼務主任担任教師。2010年度～姫路教会担任教師、生野教会兼務主任担任教師、2016年度～播州地区主事。2020年度～大阪城北教会担任教師。1996年～ 2000年重症心身障がい者施設久山療育園嘱託職員。西宮公同幼稚園・男鹿幼稚園・藤ヶ丘幼稚園にて教諭補佐として携わる。

向井希夫（むかい・まれお）
1960年愛媛県砥部町生まれ。高校卒業まで砥部教会牧師館で育つ。1976年６月６日、砥部教会で向井恒夫牧師より受洗。高校卒業後、関西学院大学神学部へ入学。九州教区・中津教会伝道師（1987年～)、小倉日明教会牧師（1990年～)、大阪教区・大阪聖和教会牧師（1996年～）を経て2014年５月より広島流川教会牧師、流川こども園チャプレン。現在、流川こども園理事長、広島女学院理事、西中国キリスト教社会事業団評議員、教区常置委員、教育委員などを務める。

宮本幸男 (みやもと・ゆきお)
岡山県岡山市出身。1990年関西学院神学部卒業後、関西の民間企業にて23年間、福祉用具専門相談員や福祉住環境コーディネーターなどの業務に従事。その間、伊丹市に保育所を開設し代表を務める。2013年より日本基督教団伊丹教会担任教師、日本基督教団甲陽園教会主任担任教師を経て、現在は日本基督教団香櫨園教会主任担任教師。

小田部　こんにちは。神学部学外講座委員として司会を担当する小田部進一です。すでに、午後の招待講演で多摩地域教会の現場という特定の地域の課題と実践についてお話しいただきました。ここからは、さらに「明日の地域と教会——それぞれに現場から」と題して登壇者とセミナー参加者に開かれたパネルディスカッションの時間を持ちたいと思います。パネルディスカッションの前半では、三つの教会の現場から、各地域の課題と実践、そして未来への展望について報告をしていただきます。その後、休憩時間を取りますので、三名の報告者に質問がある方は指定の用紙に質問内容を書いて回収担当の者にお渡しください。休憩後、登壇者に可能な範囲でフロアからの質問に回答をしていただきます。また、その後、二人の神学部学外講座委員に登壇していただき、現場の報告内容に応答をしていただきます。その後、時間に余裕がある場合には、フロアの皆様も交えて、質疑あるいはディスカッションの時間を持ちたいと思います。

大阪城北教会の現場から――Doing Church と Being Church の視点

東島美穂

今回、「明日の地域と教会」というテーマで現場報告をと依頼されたのですが、最初は辞退しようと思いました。なぜなら、二〇二〇年春、コロナ禍の始まりと共に今の教会に遣わされて四年目ですが、三年近く礼拝以外の教会活動がほぼ休止状態で、報告できることが思いあたらなかったからです。また、「都会の高台の閑静な住宅街」に立つ教会故に、地域との関わりといっても建物を同じくする幼稚園を通してしかありません。ですから、「明日の地域と教会」を考えるなら、こうした都会の規模のある教会より遥かに、地域に根ざした取り組みや関わりを地道に紡いでおられるところが他にたくさんあるのでは？　と思ったからです。

しかしながら、そうした関わりや交わりがなくても立ち続けてこられたということが、「明日の地域と教会」を考える上で大切な課題であることにも気づかされました。明日という未来につながる現在は、過去の積み重ねの上にある。そのことを捉え直す中で発見できることがあり、特にコロナ禍を経た今だからその捉え直しが必要なのだと思いお引き受けしました。ですから、現在の教会の取り組みを紹介するというよりは、これまで仕えてきた教会の経験も含めて過去を振り返りつつ、未来に向かって今からどう歩んでいくのかについてお話ししたいと思います。

過去を振り返りますと、大阪城北教会はかつて五〇年以上に渡り仕えられた牧師がおられました。その時代に伝道者・信仰者が多く生み出された一方、地域とは関わらないという牧師の主義が強く、「地域」ということに対して積極的ではありませんでした。実は、教会のお隣に近辺の土地を持つ地主さん一族がおられるのですが、かつての五〇年間に牧師と大喧嘩した先代が、「教会には絶対に土地を売るな」と遺言され、それが今日に至るまで受け継がれていました。ですから、赴任した時、役員の方々に最初にお願いされたのは、「どうか、お隣さんと仲良くしてよい関係を作ってください」ということでした。コロナ禍で家近辺に居続ける日々と、親子以上に年の離れていたことが功を奏したのか、そのお隣さんと良好な関係ができたことは「地域との関わり」の第一歩として幸いなことでした。

地域だけでなく地区との関わりで言えば、今までずっと地区活動が豊かで大切にされている教会に赴任してきましたが、現在の教会に来て初めて地区の活動や交わり・支え合いがほぼないことに、コロナ禍も相まってすごく孤立感を覚えました。教会も内向きで孤立していると強く感じさせられました。

とりわけ、そのことを教会と共に歩んできた幼稚園を通して痛感させられています。幼稚園は、コロナ禍でそれまで通りの活動ができなくなると同時に、運営自体もそれまで通りでは通用しない、ある意味存続の危機に関わるほどの早急な変革が求められることになりました。けれども、変革が求められている課題は、突然浮上したものではなく、潜在的にあり続けてきたものでもあったと思います。

コロナ禍で、過去最高となる約八割の共働き率と発表されていますが、そうした時代に送迎もない給食もない預かりも十分でない幼稚園のあり方というのは、この一、二年でたちまち園児激減に繋がりました。それらの課題は、既にどこの園においても随分前から向き合い取り組まれていたことですが、これまで通りを持続してきたことへのつけとして、一刻を争う危機と遅すぎる変革を強いられることになりました。

少子化時代に、近くには園児何百人というマンモス園が立ち並び、教会近隣まで送迎バスを走らせています。その中で園児数十人の小さな幼稚園として生き残るべく、早急な取り組みを始めた上で、昨年から新制度型幼稚園へと移行しました。それでも生き残っていけるか厳しい状況は続いています。これは園長をしている連れ合いが日々奮闘している姿を見ていても痛感させられます。猫の手も借りたい人手不足ということで、私も微力ながら毎日保育のお手伝いに入り、何とか共にこの危機を乗り越えていきたいと願っています。

それでも近い将来、もしかしたら園を存続させていくか閉じるかに関わる大きな決心をせねばならない状況はすぐさま教会の歩みにも影響が及びますので、どちらの運営にも関わる急務の課題です。

これまで七〇年以上共に支え合いながら歩んできた教会と幼稚園ですし、毎週のＣＳに三〇―四〇人の在園児や卒園児とその保護者が集まってくれるという恵みもあります。しかし、そうして共に歩んできた中で、どちらかと言えば教会の方は人的にも財的にもあまり痛みを感じることなく歩んでくることができました。ですから、ある意味では幼稚園に求められている変革が、教会にとっても未来を考えるよい好機となり、潜在していた課題と向き合い、痛みを共有するための絶好のチャンスというか、必要な時なのだと受け止めています。

というのも、これまで遣わされてきた教会は必ず幼稚園があり、急速に変化する時代の影響に絶えず対応せざるを得ませんでした。一方で教会は変わらないということを良しとする傾向が強く、「変えることのできるものを変える勇気と、変えることのできないものを受け入れる冷静さと、それを識別する知恵を」という有名なニーバーの祈りがありますけれども、それがなかなか構築できないジレンマを抱えてきました。

二〇年以上前に赴任した最初の地方教会では、少子高齢の影響により五〇年近く続いた幼稚園を休園（実質閉園）せざるをえませんでした。一〇〇段近い石段を上った高台にあり、既に長年赤字が続いており、互いに小規模故、教会が幼稚園を支えることもできず、何か変革するにも手遅れだったからです。二〇代で連れ合いと二人、希望を持って赴任した初めての教会で経験したその痛みはずっと残り続けています。

ただ、何事にも始まりがあり、持続があり、終わりがあるいうことも教えられました。どちらかといえば、始まりや持続に重きが置かれがちですが、終わりにも意味があるのだと後から受けとめられるようになったからです。休園という終わりがあったからこそ、長年教会が願い祈り続けていた平地へと下る新会堂移転建築の始まりがもたらされ、それまで紡がれてきた地区や近隣教会や地域との交わりに支えられる中で実現することができたからです。

前任地の兵庫教区播州地区も、地区の活動や支え合いと交わりが堅固なところで、そこにも幼稚園がありましたが園長は信徒の方が担ってくださっていました。バプテストの伝統を持つ教会で、教会に連なる方々が教会活動に必要な奉仕のすべてを互いに担い合おうという意識の強い教会でした。特に、信徒の方々が中心となって始められた五〇年近い文庫の働きは、スタッフにも教会外の地域に住む方々が多く関わってくださり、幼稚園や教会のみならず、地域においても良き働きをなしていました。

そうした活動的な教会で、わたしたちも繋がりや関係性を豊かにしていこうとさまざまなことを企画・運営・準備してきましたが、ある意味では一〇年間毎日何かに追われている感がありました。そうして「何かをなすこと」に追われ続ける日々を過ごしていた時、二〇一五年一月号の『福音と世界』誌で、「教会とは何か」という特集がなされました。その中に「〝Being Church〟への視点から見た『生き生きした』教会」について、古谷正仁さんが書かれていたことにドキッと、ズキッとさせられました。

「教会は一人ひとりの価値を重んじ、大切にしていると言いながら、結局は能力の高い『使える人』を重んじてはいないか。それは、教会が自転車操業のように、絶えず何かを行うこと（doing）によって、人を引きつけようとしていることから生まれる。そうなれば、結局、高齢者や障がい者といった人々は、疎外され、軽んじられ、居場所を失ってしまう。今後の教会が本当に人間を大切にしていくなら、人間そのものの価値（being）を重んじる教会にならなければならない。」「教会が活動至上主義的特徴を持つとき、それは必ず〝Doing Church〟となる。そのとき教会は、『成果や信者を生み出さなければならない』という強迫観念に支配されてしまう。」

これを読んだ時の自分もそして教会も、正に「自転車操業」、「絶えず何かを行うことによって人を引きつけようとして」きたことに気づかされ、問われ、揺さぶられました。けれども、かなりのスピードに乗って走っている自転車をすぐに止めることもできず、結局は胸の奥でその問いを引きずりながらそのまま過ごしました。

ところが、その教会を辞任する際、ある高齢の会員の方に言われた一言が胸に刺さりました。その方は礼拝や諸集会はもちろん、行事や活動もほぼ皆勤で、教会外の活動にもよく一緒に参加しました。その方に最後に言われたのが「先生にもっと話を聞いてもらいたかった。訪問してほしかった」。あんなに一緒に活動してきたのに、わたしはこの人と本当の意味で関わりを持ってこなかったのだと、まさに「Doing」して「Being」してこなかったのだと痛感させられました。

その言葉とあの問いを胸の奥に負いながら赴任した今の教会では、コロナ禍によって否応なくそれまでのあり方にストップがかけられました。わたしにとっては良いことでした。礼拝共同体であるのに、「教会には来ないで、礼拝にも来ないで」と、今まで聞いたことも言ったこともない言葉を発信し続けねばならない葛藤に悶える中、「どうしても礼拝に行かせてほしい」と声を上げ始めたのは、それまでのいわゆる「活動至上主義的」歩みの中では目立たなくされていた一人ひとりでした。コロナ禍で赴任した教会で孤立感にさいなまれていた本当に辛い時に浮かび上がったその声と存在に、どんなに慰められ励まされたか忘れません。改めて「Being」の大切さをその方々に教えられました。

現在はコロナ禍でストップしていた活動が動き出した一方で、減らした・止まったままの活動もあります。これまで通りの活動至上主義の中では問えなかったことが、乗っていた自転車が急停止したことにより、それまでの乗り心地は？　スピードは？　景色は？　どうだったかを語り合い、捉え直す機会がもたらされたからだと思います。

そうした中、今まで教会活動を長年一緒に「操業」してきたはずなのに、病や高齢、施設入居などにより教会になかなか集えなくなると、実は自分の思いとか現状を話せるBeingな関わりや繋がりをあまり教会の中に持てておらず、孤独を感じている。そういう方が少なからずいることに気づかされました。活動市場主義の「活動」から離れると、「疎外され、軽んじられ、居場所を失ってしまう」。Doing chuchの破片が突き刺さってきました。ですから、コロナ禍の教会で唯一取り組み始めたことと言えば、「牧師面談日」を設けたことです。時には何時間もかけて「わたしの物語、わたしの想い」を聞ける時と関わりが、以前より少しは持てるようになったように思いますが、まだまだです。

教会が過去を振り返り、今を捉え直し、未来を考える中で、そう簡単に何も変わらないという課題はあり続けますが、それでも諦めずにこれまでの「Doing」、こんな活動・こんな取り組みを成したという思考から少し離れていくことが大事なのではないかと今は思わされています。そのことは、私たちが最初に赴任した教会で新会堂建築をした際、尊敬する奥羽教区の先輩牧師から言われた言葉からも思わされます。

「きみたち、何を成したかが大事なのではない。何を成そうとしたかが大事だ」。若気の至りで最初は「この人、何を言っているのかな？　折角、新会堂建築が終わって喜んでいるのに」と、その意味が分かりませんでした。でも、その言葉は後からじわじわと沁み渡りました。

何か見える成果とか形になるものを残して満足する、終わるのではなくて、見えなくても形に残らなくても、何を成そうとして歩んでいるのかを見失ってはいけない！きっと、事を成して浮かれていた私たちへの戒めの言葉であったのだと思いますが、よき道標となっています。今でもその言葉をふと思い出すのは、どこかで自分が何を成したか、こんな活動やあんな取り組みということばかりに捉われてしまっている時だと感じるからです。ですから、なるべく今のところでは自ら「操業」しないように心掛けています。人的にも財的にも恵まれているところですから、それなりに活動がありますしできる訳ですが、かつてのように「活動至上主義」の方へハンドルを切りすぎないように気をつけています。「何を成そうとしているの？　でもこれは大事でしょ?!　それは一体誰の・何のため？」そのような問いを失わずに、一度ストップしたからこそ、「これまで通り」ではない「今から」の未来について、教会の方々と一緒に考え関わっていくBeingな歩みを紡いでいけたらと願っています。

広島流川教会の現場から——被爆地広島の課題と協働

向井希夫

今回の神学セミナーの案内が配られ、友人から言われたことがあります。「向井さん、神学講演各一時間、現場報告各二〇分っていうのはどうかな」と。もう一点、私たちが出席する多くの研修会は、神学講演を聞いて、その後、現場の報告を聞くという流れになっています。「逆はできないのかな」と。まず現場の取り組みを聞く、それに対して神学的視点に立って神学講演で答える、そのようなセミナーができたらいいな、と言われました。問題提起はここまでにして、内容「明日の地域と教会——それぞれの現場から」に入ります。

牧師になって三七年が経ちましたが、あっという間でした。失敗の話をしていいと言うことだったら山ほどあります。さて、「広島流川教会の現場から」の最初に「現場（地域）が優先する教会・牧会」と書きました。そこに、私の牧会の各教会での期間を書きました。九州で九年、大阪聖和教会で一八年、広島流川教会（以下、流川教会と略記）で一〇年です。「現場（地域）が優先する」、これは日々の実感です。

大阪聖和教会は、皆さんご存知のように、生野のど真ん中にある教会です。そこに住んでいたら多くの在日韓国・朝鮮人の人たちと直接出会い、彼らの抱えている問題と向き合わざるをえないわけです。それを無視して、いくら福音とか聖書を語っても、私は意味がないと感じたのです。そして、流川教会に赴任し、広島で被爆の問題を避けて通れないのです。いくら聖書を読んでいてもです。意味がないとまでは言わないまでも……。神学は、私の中では、現場との出会いの中で、それをどう聖書からの問いかけ、自分自身の信仰、働きとか教会形成につなげていくのかについて考えるときに必要となるものだと理解しています。ですから、まずそこ〔各現場〕に立てられたものとして現場、地域に出会っていくことが先じゃないかなと思っています。

先ほども言ったそれぞれの固有の課題――生野なら生野の固有の課題、広島なら広島の固有の課題がある一方で、確かに共通の課題もあります。各教会が共通で持っている様々な教会形成の課題とか、そういうことも、この会で皆さんと分かち合うことができたらいいと思っています。

その一つが、二〇二〇～二〇二三年にかけての、新型コロナウイルス感染症への対応がありました。私が神学部で学んだ時には、「礼拝を閉じる」とか、「礼拝にあんまり来ないでください」と呼びかけなければならない時代が来るなんて夢にも思っていませんでした。しかし、実際そういう時代が来ました。そして、それぞれの現場の中でどうしていったらいいか悩みながら、皆対応していったんだと思うんです。まさに、「現場（地域）が優先する」です。

その中で、聖餐式をどうするかっていうことが問題になりました。特に「緊急事態宣言」が出ていた間は、役員会でいろいろ話し合い、基本的に聖餐式を毎月一回していますが、「口に入れるものをそれぞれが取るのがちょっと」となり、牧師が代表して一人で執行することになりました。会衆が礼拝に集まれない時も、集まれるようになってからも、「私が代表してあずかります」と言って、祈りあずかる形にしました。五類に移行するまで。そのやり方が神学的に正しいかどうかはわからないですが。

もう一つ、聖餐式に関して。今年度、広島府中教会の代務者をしています。流川教会が聖餐式を行う第一主日、私が広島府中教会での説教当番のとき、流川教会での礼拝の映像をオンラインでつなぎ、府中教会で映し出し礼拝をしました。礼拝の中での聖餐式は、府中教会に聖餐式の準備をお願いしておき、私が流川教会で式文を読んで配餐するときに合わせて府中教会でも聖餐にあずかる形で行いました。そもそもリモートによる聖餐式が有効かどうか、後で皆さん教えていただきたいですが、府中教会ではそのように実施しました。数年前、コロナ禍前には、想像もしなかった事柄が起こり、現場では実際に起こってくることに対応せざるを得ないのです。神学的検証は、これから行われると思います。

次に、「見守りプロジェクト」については、二〇二〇年の一〇月四日に出したものを配布資料としています（別紙資料1）。このプロジェクトは特に高齢者の方で家族が近所にいない、関係性があまり良くない場合に、様々な問題が起こった場合に教会が直接対応していくことを役員会で決めました。「こういうプロジェクト始めます」と教会員に告知して、該当者に担当役員を一人一人につけ、必ず定期的に安否確認をするようにしました。具体的に問題が起こってきたら、必ず行政とも連携して、教会として支援に入っていくことにしました。法的な手続きも必要になってくるケースもあるので、専門家の司法書士等に依頼して、行政も含めて連携して支援に当たります。

主の御名を賛美いたします。

広島流川教会の教会員、関係者の皆さまにおかれましては、主の守りと導きのうちを歩まれておられることと存じます。

教会役員会では、コロナ渦の中で、皆さまの信仰生活をどのようにお支えし、共に歩んでいくことが神さまの御心なのかを祈り、考えてまいりました。

特に、ご家族のご支援などがすぐに得られない場合などを考え、下記の「広島流川教会見守りプロジェクト」を立ち上げることとしました。まだ、不備な点もあるとは思いますが、プロジェクトを進める中でご意見をいただきたいと思います。

この歩みが、広島流川教会につながる全ての人の支えとなるようにと祈り、願います。

2020年10月4日

広島流川教会　牧師　向井希夫・役員会

広島流川教会見守りプロジェクト

1. 目的

・広島流川教会教会員はじめ関係者が教会生活、日常生活を不安なく送れるよう、ご本人と共に考え、お手伝いをするプロジェクト。

2. 組織

・教会役員会が中心となり行う。

3. 働き

・それぞれに担当者を定め、日曜日の礼拝出席確認を行う。

・礼拝に欠席の場合は、担当者が必ず連絡を取る。

・担当者は、よりよい日常生活をおくれるように以下の相談に乗る。

a.法的な手続き等の相談。

b.食生活のサポート（安否確認付き配食サービス等への申し込み）

c.介護支援等の相談

d.その他

4. 担当者は、ご本人の意思を大切にし、プライバシー保護に十分気を配る。

5.「4」を前提として、必ず責任役員会に報告を行う。

6. このプロジェクトの最終責任は、教会役員会が負う。

2020年9月27日臨時役員会において策定

別紙資料1

このプロジェクト立ち上げの出発点には、妻を亡くした高齢の男性教会員が、一人暮らしが困難になっていく中、今までの対応ではプライベートに踏み込むことができず、どのように支えていくのかという現場の課題がありました。役員会でいろいろ考え、先にこのプロジェクトを立ち上げ、「最初のケースですから、ぜひ何か意見があったら教えてください」とお願いすることで、ご自身の事柄と受け止めていただき、最終的に、施設入所まで〝こぎつけ〟、今は安心して生活されています。

続いて、「歴史を未来に残す役割について」です。皆さん、教会ホームページを見ていただいてもいいんですけれども、被爆した教会としていろんな写真とかの資料が残っています。私が赴任した時、ちょうど一三〇年を迎えるにあたり、それを整理して展示ブースを作りました。資料を整理し残していかなければと考えたからです。

例えば、戦前の週報、一九四二、四三年のものが一部残っています。見ていくと一九四二年は入っていませんが、一九四三年から礼拝式の最初に「国民儀礼」が入っています。また、「金属回収運動に協力しましょう」とか、「聖戦必勝祈禱報国会開催さる」との報告があります（別紙資料2、3）。

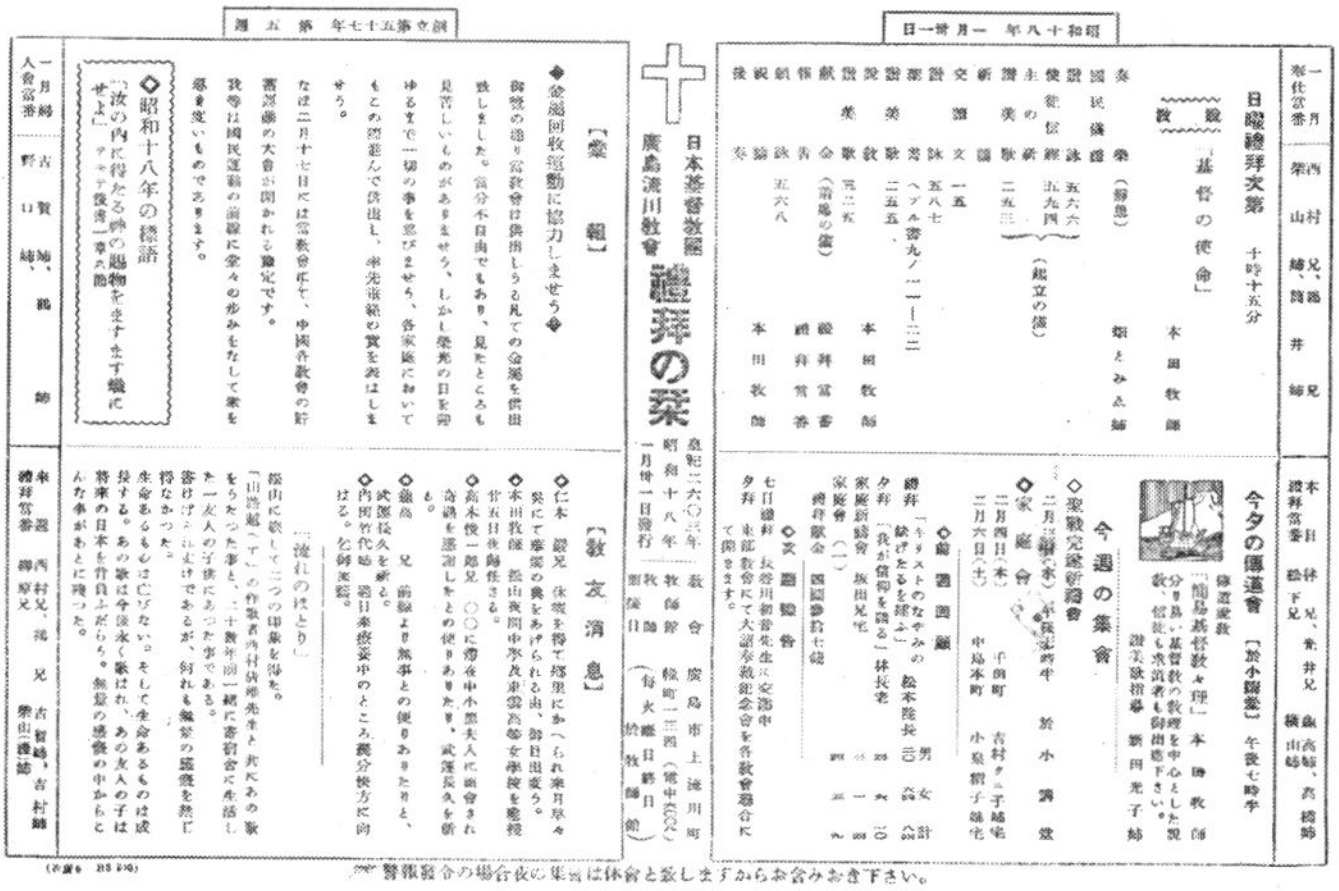

別紙資料2

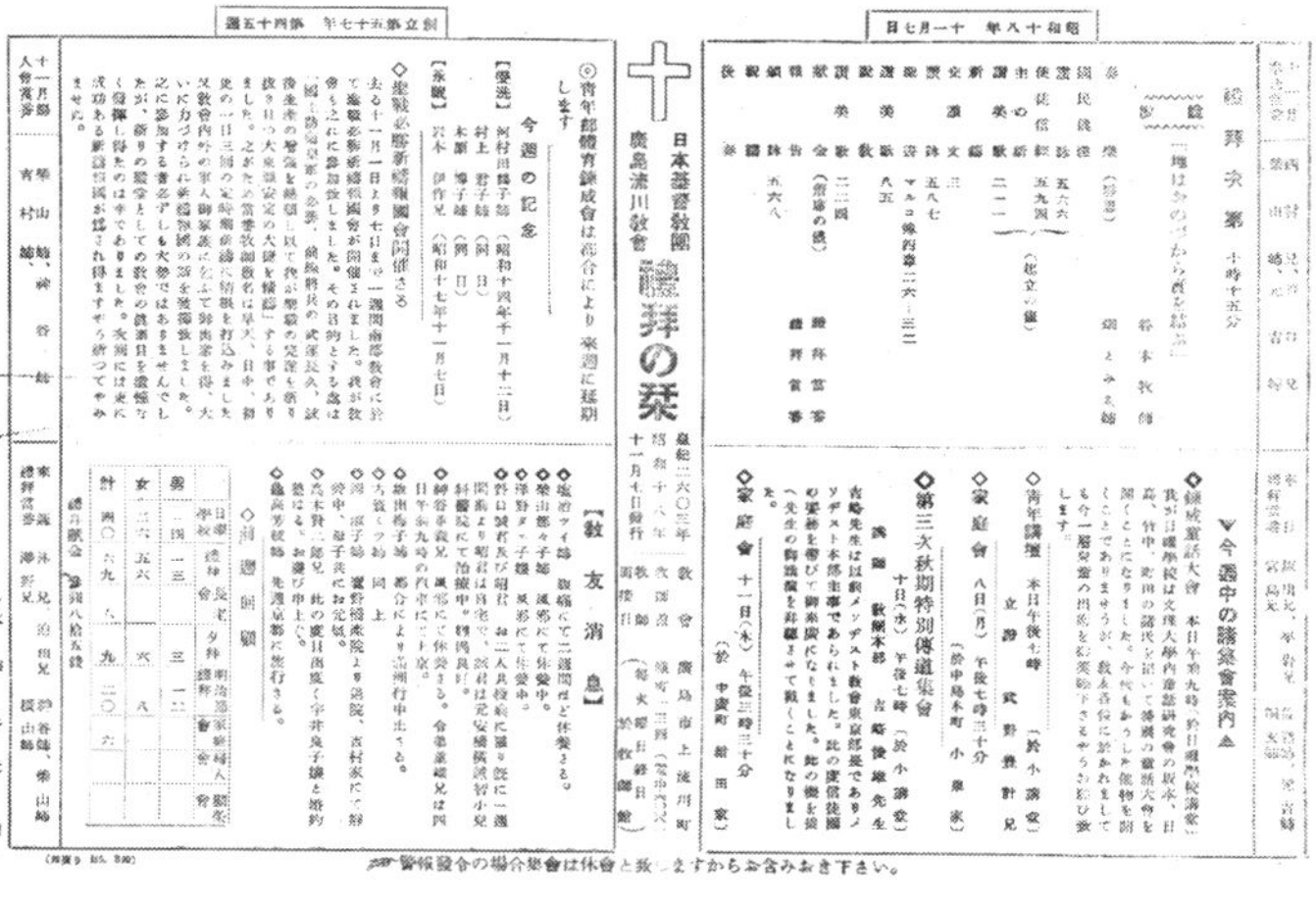

別紙資料3

写真１

流川教会の歴史を考えるとき、被爆の経験だけを伝えるのではなく、戦争協力していった歴史、戦争に勝つように広島市内のキリスト者が一つの教会に朝、昼、晩、一週間にわたり集まり、祈った歴史も残していかなければならないと思います。

そして、今の礼拝堂には、「被爆十字架」と呼ばれているものが掲げられています（写真１）。被爆直後、被爆した木材で作られた十字架を、被爆後五〇年の年一九九五年から礼拝堂前に掲げました。八月第一主日の平和聖日合同礼拝には、原爆で亡くなった方々の写真を前に並べ、礼拝を守っています。礼拝の最初に、この時だけ、被爆した鐘をついて礼拝を始めます。今年度の当日（八月六日）、日曜日の週報を資料でつけました（別紙資料４）。建物入り口に現礼拝堂定礎板「A.D.2013」と並べて「A.D.1927」と刻まれた被爆定礎板を一三〇周年記念行事で設置しました（写真２、３）。被爆関連の行事、資料の展示等に関しては、必ずマスコミに流すようにしています。広島では、必ず新聞社とかテレビが取り上げてくれます。被爆に関する事柄、平和への取り組みについては、可能な限り広く発信するようにしています。

あと、平和学習の受け入れを行っています。例えば関学初等部五年生が毎年来てくれて、被爆十字架の前で礼拝をしてから原爆ドームに出発します。また、毎年八月六日の早朝、平和公園供養塔前で、原爆死没者慰霊行事が行われます。神道とキリスト教と仏教が同じ場所で一緒に平和への祈りを合わせます。また、午後には、キリスト教のカトリック、日本基督教団、聖公会、ルーテル、バプテストなど多くの教派を超えて集まり、共に祈りを合わせる「八・六 キリスト者平和の祈り」という集会を守っています。「八月六日には、広島のどこかの教会で、キリスト者が、平和を祈るために、集まっている。世の終わりまで」との願いと祈りを一つにしながら。

次に、「超教派の取り組みの中で」についてです。流川教会は、「炊き出し」をすぐ近くの公園でやっています。二〇一四年に流川教会に赴任した当時、すぐ近くの日本聖公会・広島復活教会

聖霊降臨節第11主日／平和聖日合同礼拝　No. 32

主日礼拝　2023年08月06日 午前10時30分

前奏　「みんなの手のひらに」　(H.ウィラン)

「平和の鐘」の点鐘

1945年8月6日、爆心地からわずか800メートルの場所にあった広島流川教会の旧会堂は、被爆しました。被爆直後、被爆し燃え残った木材で「被爆十字架」を作成しました。1995年、被爆50年の年から私たちは、礼拝堂前に「被爆十字架」をかかげ、被爆した鐘を礼拝堂横に設置し、平和への祈りを重ねています。

ヒロシマ、ナガサキ、そして全世界の被爆者が負わされた重荷を、主が共に担ってくださり、世界で被爆者が二度と生み出されないようにと祈りつつ鐘をつきます。
点鐘者：被爆者代表

原子爆弾により、そして戦争によって多くの人々の命が奪われました。その人々につながる家族、親族など愛する者を失った遺族のうえに主の慰めと平安があるように祈りつつ鐘をつきます。
点鐘者：被爆死没者・戦没者遺族代表

私たちが二度と原子爆弾の使用を許さず、平和を創造し続けるために、ヒロシマ、そして広島流川教会の経験を次の世代に伝えることができる時、主が平和な未来を子どもたちに備えてくださることを信じて、子どもがつく鐘を聞きます。
点鐘者：平和の子どもたち代表

私たちは、平和の主を信じる群れとして、誠実に歴史と向き合い、平和を実現するために世界の教会と祈りを合わせ、世界の子どもたちとあなたを信じて歩む決意のしるしとして、被爆を今へと伝えるこの鐘をつきます。
点鐘者：向井 希夫 牧師（広島流川教会）

参集　（報告・紹介・予定）

リタニー　「78年目のヒロシマ」
司式者：神さま、78年目の8月6日をむかえるヒロシマの祈りをお聞きください。
みんな：主よ、平和をください。
司式者：あの日、一発の原子爆弾により多くの人の命が奪われ、多くの人が傷つきました。今も苦しんでいる人が多くいます。
みんな：主よ、憐れみ、なぐさめてください。
司式者：わたしたちは、ヒロシマ、ナガサキのことを決して忘れません。
みんな：主よ、わたしたちの心を強めてください。
司式者：この世界から核をなくすためにわたしたちにできることを教えてください。
みんな：主よ、教えてください。
司式者：世界の人々が理解し合えるように導いてください。
みんな：あなたの愛をしめし、知恵と勇気をください。
司式者：くじけないで、あなたを信じ、世界のこどもたちといっしょに祈り、求めます。
みんな：主よ、平和をください。
アーメン

賛美　これさん）0821

それが平和を作る最初の一歩　0821

詞/曲：子どもの友セミナー2007「歌」ワークショップ

1. 考え方の違う人に
「きみが好きだ」って言えること
それが平和をつくる　最初の一歩

2. わたしがわたしであるように
あなたがあなたであるように
それが平和をつくる　最初の一歩

3. はじめて出会った人にでも
「こんにちは」って言えること
それが平和をつくる　最初の一歩

4. 泣いてる人と泣けること
喜ぶ人と喜ぶこと
それが平和をつくる　最初の一歩

5. 子どもは大人のパートナー
大人は子どものパートナー
それが平和をつくる　最初の一歩

祈祷

献金

別紙資料4

牧師・小林尚明さん（現神戸教区主教）のお連れ合いが関学神学部で私と同級生の旧姓・西元恵子さんで、「希夫君、待ってたよ」って言われ最初は個人的に手伝っていました。そのうちに、流川教会として担当してくれないかと声かけられました。その時、私はできるだけ丁寧に教会に説明をし、始めようと考えました。役員会決議

写真２

写真３

で始めても良かったのですが、まず何回か、この働きをすでにしている人たちの発題を聞くための学習会を教会全体で持ち、臨時教会総会を開いた上で教会としてスタートしました。やはり色んな意見が出ました。「やりませんか?」って言ったら、「こういうことはもう行政にやらしておいたらいいんじゃないんですか?」とか。しかし、できるだけ丁寧に説明して、皆でやることで、教会全体の理解を得ることができ、多くの人が協力してくれています。現在、カトリック幟町教会と広島学院というカトリックのキリスト教学校と流川教会の三者で持ち回りでやっています。そして、流川教会がやるときには必ず西中国教区広島西分区の諸教会や関係諸施設にも呼びかけるようにしています。そうすると、自分の教会だけでは、こういうことはできないっていう教会でも各個人で手伝いに来てくださる方がおられます。そうすると一緒にこういう働きを豊かにすることができました。

終わりに、上記の平和に関する働き、「炊き出し」などへの取り組みは、様々な枠組みを超えて行うことができています。そのことを可能とするのは、各教会がたてられている地域の歴史、今負わされている課題と誠実に出会い向き合う所からだと感じています。

香櫨園教会の現場から――地域サロン オアシスの働き

宮本幸男

はじめに

香櫨園教会が建つ兵庫県西宮市では、二〇一三年度から社会福祉協議会が中心となり、運営する個人やグループの想いのもとで、それぞれの特色を活かした「つどい場づくり」が推奨されています。そこでは地域で求められるニーズに合わせ、個人宅や空き家、自治会館や共同利用施設など、さまざまな地域の資源が活用され、認知症カフェ、ふれあい喫茶、子ども食堂、学習支援などの活動が行われてきました。そして、今では市内に沢山のつどい場が生み出され、地域住民同士がより身近に集まることのできる居場所となっています。

今回は、香櫨園教会が二〇二二年一〇月から地域に会堂を開放して行っている「地域サロンオアシス」と名付けた「つどい場の活動」についてのご紹介をさせていただきます。それぞれの地域に建つキリスト教会の多くは、宣教の為にいかに教会の敷居を低くして、地域の人々とのつながりを深めていくかという課題を持っていることと思います。この現場報告が少しでも課題を解決する為のヒントとなれば幸いです。

最初のアプローチ

私がこの教会の牧師に着任したのは二〇二二年の四月のことでした。前任牧師の時代には、すでに教会は地域に対して「秋のコンサート」「お花見カフェ」「野菜市」などのイベントを開催して毎年交流を重ねていました。また、牧師をはじめとする何人かの教会員が、自治会などの地域社会への積極的な参加を通して、自ら「私たちも地域の一人」として認知してもらおうと努力を積み重ねてもいました。

私がこの教会の牧師に着任することが決まり、引き継いでいく過程の中で、私の頭の中にあったのは、「開かれた教会」と「みんなの賜物によって教会を建て上げていく」という二つのキーワードでした。このキーワードを実現させていくために、私は着任して初めての主日礼拝の説教の冒頭で「私が香櫨園教会に着任するにあたり皆さんにお尋ねしたいことがあります。私に何をしてほしいですか」と会衆に問いかけたのです。

それは、福音書の中のイエスが、さまざまな願いを持つ人々に「何をしてほしいか」とのアプローチをすることによって、彼らの願いと信仰を引き出し、その人に最善なことを起こしていったというイメージが私の中にあったからです。そして、そのようなアプローチから、すでにこの教会の中にあった「設計図」が引き出されていくことになりました。

引き出された願い

香櫨園教会では第五主日の午後に、福音伝道について話し合われる「こころの友伝道の会」というものが以前からありました。私は次の段階として、その五月の会で、「それぞれの持っている賜物を用いて、この教会が開かれた教会となるために、一人ひとりが何ができるか」を考える機会を設けさせていただきました。

すると数人の信徒から、「この地域には、行き場のない子供、高齢者、障がいを持った人、子育て中の親が多く、その方たちの居場所として教会が貢献しよう」、「人と人とをつなげ一人ではないと実感できる場所を目指そう」、「一人暮らしをしていて、さみしい思いや、辛い思いをしている方のつどい場を教会の中につくりたい」などの願いが引き出されていきました。

すぐにそのような応答があったのには理由がありました。実は、日本キリスト教団出版局が毎月発行している「信徒の友」の二〇二一年一〇月号の記事の中に、「地域福祉のために共に働こう」というテーマで書かれた、日本女子大学人間社会学部社会福祉学科准教授であり深沢教会員でもある黒岩亮子さんの寄稿がありました。それを読んで感銘を受けていた方々が教会にいたのです。その中の認知症カフェの開催について書かれた部分には、「カフェは、日ごろ教会に敷居の高さを感じている近隣の方が、教会に気軽に足を踏み入れる絶好の機会です。聖書や信仰の話をする必要はありません。お茶を飲みながらお互いの話に耳を傾けたり、福祉サービスについて情報交換するなど、地域に暮らす一員として共に時間を過ごしてみてください。……そしてそれは、地域の課題に関心を向け、共に生きる人々に愛を示すという、キリスト者の役割を再認識する大切な機会になるでしょう。」との内容が書かれていたのでした。

願いの実現へ

そして、その具体化のために礼拝後に話し合いが始められました。それまで礼拝が終わると、すぐに家路についていた教会員も、教会が地域社会のために何をどうしていくべきかを一緒になって考え始めました。牧師や役員に任せるのではなく「皆でやれることをしよう」という意識に変化していきました。

有志による委員会によって活動案の大枠が作られ、八月の役員会で、つどい場の活動が教会の正式な活動として認められることになりました。つどい場の名称は、夙川オアシスロードに面して建っている香櫨園教会が「オアシスのようにほっと一息出来る場所となるように」との願いを込めて「地域サロン　オアシス」と名付けられました。「そのつどい場を一〇月から開始すること、毎月第四土曜日一三：三〇―一五：三〇の二時間の開催、場所は香櫨園教会の一階集会室、あるいは二階礼拝堂、参加費一〇〇円、対象者は居場所を求めている人なら誰でも、参加人数は三〇～四〇人」などが決められていきました。さらに、宣伝のためのプレオープンイベントとして、オープン一か月前の九月に「琴とフルートのコンサート」を開催しました。そのコンサートには、地域の方々四六名の他、西宮市社会福祉協議会関係の方々も来てくださり、新型コロナウイルス感染の心配にも関わらず、教会員と教会員の家族も入れて五八名の祝福されたコンサートとなりました。

つどい場のスタート

二〇二二年一〇月二二日土曜日に、いよいよ地域サロンオアシスがスタートしました。始めてみると教会ならではの強みがあることが分かりました。つどい場の中で教会員のさまざまな賜物が生かされていくのです。司会をするのが得意な人、歌の指導をするのが得意な人、お茶と一緒に出すケーキを作るのが得意な人。そしてなによりもみんな笑顔でもてなすという賜物です。それぞれの豊かな賜物を発揮して素敵なつどい場となっていきました。プログラムが全部終わって玄関で参加者の皆さんをお見送りするときには、「ここに来れば、いつも元気をもらえます」などの沢山のお礼の言葉をいただきました。

一方、参加者の中には、「身近な人を亡くした」「病気と闘っている」など、一人暮らしの孤独な人が多くいました。それでも初めて知り合った参加者の間では、自分の生き方、趣味、その他さまざまなことについて、心を開いて話し合う中で、すぐに打ち解けて人間関係が作られていくようでした。

二時間のつどい場の内容は、「チャレンジコーナー」「お茶会」「みんなで歌おう」の三本柱で始められ、それが今でも続いています。一本目の「チャレンジコーナー」は、毎月趣向を凝らしたメニューを提供して、それに参加してもらうものです。これまでに、ボッチャ、ペットボトルボーリング、クリスマス会、ビンゴゲーム、カルタ取り、ノルディック・ウォーキング、スマホ教室などをしてきました。二本目の「お茶会」は、コーヒーや紅茶を飲み、手作りケーキを食べながら、同じテーブルに座った者同士で交流を楽しみます。三本目の「みんなで歌おう」は、ピアノ伴奏で唱歌や歌謡曲などの歌を歌う時間です。その季節の歌を八曲くらい歌い手話も楽しみます。参加者が名札を付けることによって、名前や住んでいる町名を知ることができ、その月が誕生日の方をハッピーバースディの歌を歌って全員で祝福をします。そうして集まった人同士が互いに大切な一人となっていきました。

意外な展開

このつどい場を始める前に心配したことが三つありました。しかしその心配を覆すようなことが起こっていきました。一つ目の心配は、ここに地域の方々が集まってくれるかどうかでした。同じ西宮市のつどい場でも、せっかく始めたのに人が集まらないので閉められるところもあると聞いていました。ですから、当初は一〇〇枚程度のＡ５サイズの小さなチラシを作って、地道に手渡しやポストインをする中で、小さく始めて大きく育てようと思っていました。しかし初めからたくさんの地域の方々が集まってくださいました。現在の参加者は年齢的に四〇歳代から八〇歳代までと幅広く、特に七〇歳代と八〇歳代の女性が多くいます。その中で固定メンバーは約半数、新規や時々参加される方が半数で新陳代謝を繰り返し、毎回三〇人前後の人たちが集まっています。

これだけ早い段階で、しかも継続的に参加者が集まっていることは、地域での奉仕活動する中で、すでに地域の信頼を得ている教会員の呼びかけの力が大きかったと感じています。教会の内の奉仕だけでなく、日ごろの地域社会での地道な奉仕活動の大切さを知りました。また参加者の中から、礼拝や聖書研究会に参加する方も出てきて、教会と地域の垣根が次第に取り払われてきていることを感じてます。

二つ目の心配は、必要な運営費が賄えるかということでした。当初は年二万円の教会会計予算と、毎回の一人一〇〇円の参加費とで運営を始めたつどい場でした。しかし、意外にも参加者から教会に献金をいただけるようになりました。そのきっかけは、このつどい場が始まる三か月ほど前に起こった安倍晋三銃撃事件から始まった統一教会の高額献金問題の報道でした。連日のようにテレビのワイドショーで報道された内容の中には、一般のキリスト教会でも「什一献金」があるというものもありました。誤解を生まないように、つどい場ではなるべく「献金という言葉」や宗教色を出さない配慮もしていました。

しかし、その問題が逆風になるどころか、「教会というところは献金というシステムで成り立っていることを知りました。これを何かのお役に立ててください。」と言って、参加費の一〇〇円の他に献金を申し出られる方々が出てきました。そのようなお志しを持っておられる方のために「教会活動支援献金箱」を作って、教会の二か所に置くことになりました。毎月そこに三〇〇〇円～七〇〇〇円程度の尊い献金が寄せられています。

また、最近うれしい知らせがありました。日本基督教団社会委員会が選ぶ、二〇二三年度「社会福祉施設援助金」の送付先として、香櫨園教会の「地域サロン　オアシス」の働きが選ばれました。このようにして、思いがけない活動のための資金がこの他にも得られるようになっていきました。

三つ目の心配は、同じ年齢層の仲間で企画し続けていると、次第にマンネリ化していくのではないかということでした。その心配もボランティア大学生の参加者が得られるようになって解消していきました。あることがきっかけとなり、チャレンジコーナーのスマホ教室に、近隣大学の現代社会学部で街づくりを研究している教授のゼミ生や、ボランティアサークルの学生たちが講師として参加していただくことになりました。もちろん高齢者の方々は孫のような若い人から教えられて大変盛り上がりました。また学生たちにとっても、これまで別の場所で経験したどのボランティア活動よりも大きな喜びを得られたようで、大学ホームページにもつどい場の様子が掲載されました。さらに今後、西宮－芦屋間の文化的事業の展開を計画している同大学の総務からも、学生の活動場所としての協力を求められるようになりました。高齢化が進み青年会のない教会が、若い人たちの活気でにぎやかになっていきました。

今後の展望と期待

香櫨園教会が行っているこのつどい場の活動を「地域貢献」という言葉で終わらせてはならないと思っています。「地域に関心を向けて、共に生きる人々に愛を示す」という、キリスト者の役割を果たそうとする活動としてとらえ続けていきたいと願っています。その理由は、一つひとつの地域に建つ教会は神の愛の対象であり、神の代理人だからです。そして、そのような役割を果たそうとするときに覚えておきたいことは、それぞれの地域に建つ教会の働きは、成果の大小によって報いられるのではなく、自分たちに与えられた賜物によって、どれだけ忠実に神の代理人としての奉仕ができるかです。

どの人にも神から与えられる賜物があり、それらを集めて何かを建て上げるための「設計図」が備えられているように思います。今の香櫨園教会の「設計図」は、「何をしてほしいか」とのイエスの問いかけの言葉によって明らかになっていきました。今後は教会内だけでなく、この地域の中に備えられている「設計図」が明らかになる必要を感じています。

今までは教会員の賜物が生かれてきたつどい場でした。しかし、これからは教会が神の代理人として「何をしてほしいのですか」と、地域に住む方々にお尋ねしていくことが大切なのだと思います。神の御霊である聖霊の助けにより、地域の方々の願いと賜物が引き出され、この地域に生かされていくことを願います。そして将来、「神の国」を感じさせる「愛し合う世界」が地域社会に現れていくことを期待します。

パネルディスカッション

明日の地域と教会

それぞれの現場から

II　ディスカッション

東島美穂、向井希夫、宮本幸男、
小田部進一、橋本祐樹、森本典子

東島美穂　　日本基督教団大阪城北教会牧師
向井希夫　　日本基督教団広島流川教会牧師
宮本幸男　　日本基督教団香櫨園教会牧師
小田部進一　関西学院大学神学部教授
橋本祐樹　　関西学院大学神学部准教授
森本典子　　関西学院大学神学部専任講師

小田部　こんにちは。神学セミナー企画委員の一人として引き続き司会をさせていただきます。パネルディスカッションの後半は「明日の地域と教会――それぞれの現場から」と題して、前半の報告を踏まえて意見交換をする時間を持ちたいと思います。会場から回収された質問用紙にご指名がありましたので、東島牧師、向井牧師、宮本牧師という順で質問に応答していただきます。その後、神学セミナー企画委員の森本講師と橋本准教授にパネラーの報告に応答をしていただき、続いて自由な形式で意見を交わしたいと思います。それでは、東島さんからお願いします。

東島　まず、レジュメに書いてあった「高齢者にやさしい委員会」についての質問にお答えします。わたしたちが赴任する前から教会が紡いでいたものです。例えば高齢で一人暮らしの方、病院におられる方、あるいはさまざまな事情で教会に来ることができない方々の現状について委員会内で共有してきました。関わりを持つ担当者がいて、電話などを通して現状をお聞きし、必要なことがあれば支え合っていく活動を細々と続けています。「高齢者」という枠に限定せず、「みんなにやさしい」委員会であれるよう、課題を抱えている一人ひとりを孤立させないためにも、こうした小さな関わりを大事にしていく取り組みは、これからも深化させていけたらと思います。

次に、「Doing Church に対して Being Church を大切にすることに共感します。その一方で、出会いとつながりの継続も課題となると思いますが、教会の働きの中で何か考えられているでしょうか」という質問と、「教会の役員会の議題で設けますが、結果的に牧師に任せるということになってしまい、限界を感じています」という質問がありました。わたしも出会いとつながりの継続は不可欠だと思います。点と点（一人と一人）をつないでいくような関わりを持続させていくことが必要なのだと。今は、幼稚園の現状があって外に出かけることが難しく牧師個人で全てを把握することはできないので、教会の方々のつながりの中で聞こえてくる声にも耳を傾けながら、それぞれが持つ課題や必要な関わりを見つけ、共有していけたらと願っています。

小田部　次に、向井さんに応答していただきます。

向井　「一つは広島の地であるからこそ、被爆について語ることの難しさがあると思います。被爆した木の十字架が長年しまわれていたことなども含めて」という質問です。被爆十字架については、資料を読んでいただくと、だいたい分かっていただけると思います。礼拝堂の前に掲げているものは、被爆直後に当時の牧師だった谷本清牧師と教会員が被爆した木材で作ったものです。その被爆十字架は、長年古新聞に包まれて教会の奥にしまわれていました。一九九五年の被爆五〇年の年に新会堂の礼拝堂の前面に掲げられるようになりました。黒焦げになった十字架を被爆者の方が見るということは、黒焦げになった広島の街を思い起こすことだし、何よりも黒焦げになって亡くなっていった人たちを思い起こすことでつらいという思いが一番あったと思います。しかし、一方で、五〇年経った時に次の世代に伝えていかなければいけないという思いから、被爆十字架を礼拝堂の前に掲げたのです。旧会堂にあったステンドグラスは、現在の会堂の小礼拝堂に移設され、主日礼拝が行われる場所には、被爆十字架と鐘だけがあります。被爆証言をしてくださった教会員の方々の何人かは、本当は語りたくなかったと言われました。やっぱり辛い経験ですから。しかし、こういうことが二度と起こらないことを願って語ってくださっている。その思いを聞いてゆきたいと思っています。

それともう一つ「見守りプロジェクトの規則で、担当者の報告先が責任役員会となっているのはなぜか」という質問がありました。これはプライバシーの問題がやっぱり大きいんですね。役員一人の内、私を含む五人の責任役員がいます。例えば個人的な問題を知られたくないという方は当然いるわけです。その場合は、課題の共有を担当者と責任役員の範囲に限定するということでプライバシー保護に十分気を配るようにしているのです。

小田部　続いて、宮本牧師に応答していただきます。

宮本　同じ方から二つの質問をいただきました。ありがとうございます。まず一つ目は、「地域サロンの参加者は右肩上がりの傾向にありますか」という質問です。最初にプレオープンでやったとき、三〇人から四〇人ぐらいかと思っていたら、六〇人近い方が来られました。実は、コロナのこともあり、あまり宣伝はしていなかったのです。それでも、教会員の方々が知っている方に声をかけ、見やすい内容の簡単なチラシを作り、近隣に配付する中で参加者が増えました。現在は三〇人前後の参加者で推移しています。毎回参加される方が半数、もう半数は新規の方でうまく循環しています。おそらく地域にあるニーズを的確に捉え、広く宣伝すればたくさんの方が来られるのだと思います。例えば、私の地域にはオアシスロードという道があり、ノルディックウォーキングのスタイルでストックを持って歩いている方もいるのですが、その使い方がよく分からずに不安定な歩き方をしておられました。そこで、ノルディックウォーキングの歩き方をテーマにした「地域サロン」を開催したら、四〇人近い方が来られました。地域の方が困っていることをくみ上げて広報したら、人はたくさん来ると思います。ただ、それを受け入れる場所とスタッフの人数のことを考える必要もあります。現在の参加者数は三〇名程度で大きな増減はあまりありませんが、場所の広さとスタッフの人数を考えると、多すぎず、少なすぎず、ちょうど良い加減で運営されているように感じています。

二つ目は、「地域サロンの参加者が教会の礼拝につながる例はありますか」という質問です。はい、実際ありました。クリスマス礼拝では四、五人の方が礼拝に参加されました。また、他の主日礼拝にも、何回か続けてこられている方がおられます。あるいは、聖書研究会に来られた方もおられます。地域サロンを通して教会の敷居が低くなったように思います。

小田部　私の手元に、応答者を指定しない質問が届いています。「地域で孤立している方、孤独な方をつないでいくことが今後の教会にとって大切な課題だと思いますが、つながることを苦手に思う人もいます。そういう方々にどのように声をかけていくことができるのか、アプローチの仕方についてアドバイスがあれば幸いです」。パネラーの皆様いかがでしょうか。

向井　先ほども言いましたが、枠組みを教会で作ってあげることが大切だと思います。「ただ何かあったら相談してください」、ではなくて、こういう見守りプロジェクトという枠組みがすでにあるから、相談しやすいのだと思います。

小田部　向井さんの報告の中でお話しくださった炊き出し活動についても、枠組みを作っていくプロセスを大事にされてきたことに共通点があると思いました。

宮本　例えば、病気等を背景として、集団の中に入りたくない方もいらっしゃると思いますが、もしそういうことが分かれば、「牧師と一対一でお話しされたいですか、一緒にお茶でも飲みませんか」とお誘いするようにしています。そのような対話の場を通して、もちろん、私自身にできることはさせていただきますが、他の専門的な団体につないだ方が本人のためになるかどうかの判断をするようにしています。

東島　私のところにもう一つ質問がありました。「ゲームチェンジャーも大切ですが、活動を禁止することは適切ではないのではないか」というものです。ごもっともだと思います。そこはとても大事に思っています。けれども、ただ何か、今までのあり方、これまで通りのあり方だけではなくて、本当に今ここに生きている人々にとって必要な活動は何なのかについて、もう一度捉え直していく作業が必要ではないかなと思うのです。

「魅力的な活動をしないと教会が活性化していかないんじゃないか」というご質問がありました。日本基督教団宣教研究所委員会が『宣教の未来――五つの視点から』（日本基督教団出版局、二〇二一年）という本を出版しています。その中で、九州教区佐世保教会の深澤奨牧師が書いている「教会のダウンサイジングと持続可能性」という文章がとても刺激的で、示唆に富んでいると思いました。これからは脱教会成長論に立つ必要があるということもはっきりと書かれています。今までの拡大、成長を求めた考えや活動を捉え直し、持続可能性の視点から教会の現在（いま）・未来を考えるところに、いろいろな可能性があると感じました。ぜひそれを読んでいただければと思います。

小田部　Doing Church と Being Church は二項対立的なものではなく、多分私たちは、両者の循環の中にいるのではないでしょうか。何か行動をした後で、ときに立ち止まり、行動の内容と結果を静かにふり返り、教会の存在の意義は何か、教会の目的は何か、教会の本質を問うことが大切になります。そして、派遣されたそれぞれの地域の教会に、そこに備えられた時があると思うので、教会ごとに、活発な時もあれば、立ち止まる時もあるのではないでしょうか。大阪城北教会は、いま Being の視点から自分たちが置かれた地域の中で、教会の存在の意義についてもう一度しっかりと深めて捉えていくことを大切にしているタイミングにあり、その視点から報告が行われたのだと受けとめました。それでは、神学部の森本さんに、教会の現場からの報告全体について応答をしていただきます。

森本　大変興味深いお話をどうもありがとうございました。私は専門がディアコニアということで、その視点から応答をしたいと思います。ディアコニアには教会のディアコニア、施設のディアコニア、それから国際的なディアコニアがあります。まさに今回お話しいただいたのは、教会のディアコニアかなと思います。先ほども教会内でディアコニアの働きを実践するためのコツという話がありましたが、教会のディアコニアというとき、教会内でお互いに仕え合うということも大切なんですが、やはり地域に出ていく、押し出されていくということも大切なものだと思います。そのような視点からもそれぞれの教会で皆様が実践されておられる教会のディアコニアについて聞くことができました。また、ディアコニアというと、福祉の分野で一生懸命活動しているというイメージを持たれることもありますが、「そこに教会があるので安心だ」と言われるような場所として存在していることも大切なことだと考えました。

例えば、「ちょっと教会に聞いて場所を借りようか」とか、「あそこだったら何とかしてくれるかも」といった存在になるのでもいいのかなと思います。そこから地域とのつながりができていくし、地域との信頼関係も生まれてくるでしょう。私が現在通っている京都のルター派の教会がある地域には、大きなショッピングセンターや病院などがあり、その地域に住みながら教会に通う人がほとんどいません。そういう時には、じゃあその地域の病院との関係で何かできないだろうか、そういうことも考えたりします。実際には全然できていませんが、教会がその地域の関わりを模索することをディアコニアという言葉で表すことができるんじゃないかと私は考えています。最後に、向井牧師が現場の活動をまず持ってきて、それに神学が応答していくことが大切ではないかと言われたことですが、もっともだと私は思っています。私の実践神学の分野で、現場の活動を言葉に置き換え、発信していくことが、一つの課題だと思っています。私は釜ヶ崎という現場から神学の場に戻ってきた人間なので、改めてご指摘を受けたような働きを目指したいと思いました。ありがとうございました。

小田部　次に、神学部の橋本さんから応答をいただきます。

橋本　貴重な報告をありがとうございました。短かく順番にコメントさせていただきます。まず東島さんによるDoing Churchの限界とBeingを重んじる教会という話がとても印象に残りました。私自身、さまざまな信徒の方々の姿を見てきましたが、本当に多忙な中、日曜日の教会の午後にへとへとになって、夕方あるいは夜になって帰宅するという姿を見て限界を感じることもありました。もちろん、担う人がいて教会が回るというのはその通りです。けれども、教会のあり方としてBeing、つまりそこにいるだけで祝福されているのだということを証ししていくことも根本的に必要だと思いました。

また、現場の出会いの中でどういう教会形成につなげていくのか、それが神学ではないかという向井さんの問いかけに刺激を受けました。現場から出発して神学形成するという考えは今日の実践神学、宣教学の問題意識に直結していますし、同時に現場の実践には神学が含まれているとも言えます。また、オンライン聖餐について大事なことに触れてくださったと思います。新型コロナウィルス感染症の拡大する中では、教会や現場の実践が先行して、それを神学が追いかけてきたという側面があります。

昨年、神学部内の研究会でも同様の問題意識から、キリスト教の伝統の中にあるスピリチュアル・コミュニオン、霊的陪餐というテーマが取り上げられ、学ぶ機会がありました。それは、例えば病気でものを口にできないような時の緊急時の陪餐の考え方であり実践で、物質的なものを通さずに祈りと霊によって同じ恵みに与るというものだったと記憶しています。もちろん、同感染症の拡大する中で、礼拝の配信について議論が進み、そこでは共に集まるという身体性、そして同じ時間を共有するという同時性がやっぱり大切であるということは確認されてきました。それは聖餐にも基本的に通ずるものだと思います。ただ、闇雲に良いとは言えないまでも、私たちの置かれた状況の中で、緊急時のためにさまざまな試みの可能性は開かれているのではないでしょうか。多様な試み、試行錯誤が必要な時代の中にいると感じています。最後に、教会の教師と神学部や学校の教員、そして信徒の方々やそうではない方々をも交えて、このセミナーのように、課題を共有して話せているということが、まずは必要であるし、大事なことなのではないかと改めて思いました。

次に宮本さんの報告は、地域に教会が開かれて用いられるという大変良いケースを共有していただいたと思っています。地域に深い関わりを持つ教会員がそこにいることの意味合いの大きさについて、本当にその通りだなと思ってお聞きしました。日々のあり方や関係性が大切だと思います。先ほど香櫨園教会に出席している神学生に少し話を聞いたのですが、参加している皆が楽しみを感じてやっているとのことでした。負担が重なっていって、活動や参加者に活力が無くなっていくようなケースもあります。そこで皆が一緒に喜びをも感じて集まっているというのは素晴らしいことではないでしょうか。

小田部　神学部教員からの応答をありがとうございました。全体を通して、Doing と Being という言葉がキーワードとして出てきていたように思います。さまざまな活動を続けていると、どうしても疲れがでてくることがあると指摘がありましたが、「Doing Church が疲れないための源」みたいなものは何かありますでしょうか。広島流川教会や香櫨園教会でも、時々、やっぱり疲れてくるということもあると思いますが、それらを持続させていく上で大切なことについて、教会の中で話題になったことなどがありましたでしょうか。

向井　大前提として無理はしないということを流川教会では大切にしています。けれども、一方でやっぱり出し惜しみもしないと言うことも大切だと思っています。週報を見ていただいたら分かるように、教会音楽主事が五人おられて、いわゆるオルガニストとして一流の人たちなのです。流川教会の一三〇周年を祝うにあたって、ただ自分たちだけでお祝いするのではなく、西中国教区の全地区に教会音楽主事を流川教会が全て費用も持って派遣するというプログラムを実施しました。つまり、流川が恵まれているなら、それを教区のために用いようと思い、各地区で音楽講習会とかオルガニストの講習会とか、その地区の希望に沿う形で講師を派遣したのです。この派遣を通して、とても恵まれた時を持つことができました。だから、やっぱりそれぞれに与えられている恵みを自分たちの中に抱え込むのではなくて、無理のない範囲でいろんなところに使っていくというのが大事かなと思います。

宮本　やはり成果の大小は気にしないこと。忠実に神様の言葉を聞いてやればいいだけだと思っています。実際に教会員の方々は非常に真面目で、とことんサービスをしようと頑張り過ぎてしまうことがあります。それでは日曜日の大切な礼拝の方は、しんどくて休んでしまうということにもなりかねません。今後このつどい場を継続させていくために、やりたいことを我慢して、何かを減らすということもしています。例えば、時には手作りケーキを出すのはやめて、市販の安いお菓子を出すこともあります。信仰と同じように、何もしないことは良くないですが、やはり必要以上に頑張り過ぎることも良くないと思います。

小田部　本日のセミナーでは、三つの異なる地域の教会からそれぞれの地域でのさまざまな活動や課題を共有させていただいています。同時に、冒頭の東島さんが取り上げてくださった、Doing Church と Being Church の視点から、地域の違いを越えて、教会のあり方について一緒に考えることができたように思っています。また、広島流川教会が持っている賜物を活かして、周りの教会と連携して、地域の中でのさまざまな活動を実践されておられる姿から、また森本さんが指摘された外へと開かれた教会のディアコニアの視点から、地域と教会のさまざまな関係性や連携の可能性があるように思いました。ここで、少し会場からの声もいただきながら、残りの時間、明日の地域と教会について考える時間を持ちたいと思います。

会場参加者A　教派は違いますが、日本基督教団において、いわゆる組織の統合や吸収合併、あるいは廃止といった問題についての実態が、教団や教区あるいは地区でどのように話が進められているのかについて教えていただければと思います。ルーテル教会や改革派の教会は、教区や中会が境界線を持っているってことでやりやすいのですけれども、多分教団は固有の問題とか課題があって実現が難しいのかなと思いましたので、教えていただければと思います。

向井　私が答えるべきかどうかわからないですが、基本的に教団の場合は旧教派の伝統というのがある場合には、近隣の教会であったとしても難しいケースはいくつか見てきました。その一方で西中国教区だと今現在六〇以上の教会の三分の一の教会で牧師を招聘することができていませんので、ご指摘の教派と同様に、近くに同じ教団の教会がある場合にそういうことも判断をしていく必要があると私は思います。私自身が関わったのではないですが、合同したケースもあります。

会場参加者B　たくさん学ばせていただいてありがとうございました。私は、マネジメントという知恵を教会にもぜひ取り入れてほしいと思います。私は、非営利組織、いまは教会のマネジメントということに自分なりの取り組みをしています。非営利組織も、例えば関西学院のパンフレットも一九九〇年代は非常にお粗末でしたが、現在のパンフレットを見てもまたオープンキャンパスの企画も素晴らしく、卓越した働きをされていると思うのです。そういう意味では、私は教会のマネジメントに、言葉が悪いかもしれませんが、拙い面があると思っています。経営やマネジメントというと企業の金儲けや成長だと思われますが、そうではなくて、組織が維持発展するための営みなのです。ですから、教会にもやはり経営が必要です。そういう意味で、ミッション拡充主義って言ってもいいと思いますが、ミッションが実現していくためには、どのようなマネジメントが今必要か、考えて、そのためには教会も変わらないといけないし、さまざまな工夫が必要なのではないかなと思うのです。そういう意味で、パネリストの皆様にも、マネジメントという点から、自分たちのミッションを実現していくために、どうしたらいいかということについて、ぜひ思いを聞かせていただけたら嬉しいなと思いました。

向井　はい、よく分かるのですが、やっぱりその論理の場合、マネジメントをやっていくためにお金が必要だと私は思うのですね。しかし、お金をかけることができる教会はどんどんやっていくことができるけれども、地方の小さな教会で、その現実にあったマネジメントが何かっていうところを、やっぱりきちんと見ていくこと、つまり、企業の論理とか、いわゆるお金をかけてうまくいくマネジメントとはちょっと違う部分を私たちは見出していく必要があると思います。

会場参加者B　私は、マネジメントするということとお金をかけるということは必ずしも相関しないと思っています。おっしゃるように、それぞれの資源の限界があります。お金も人も施設も。その中で最大のものをどのようにはたしていくかということがマネジメントだと私は思っておりまして、少し、説明不足だったかもしれませんが、自分たちの資源のどこを一番有効にしたらいいかという観点で、都市部の教会も地方の教会もいろいろな可能性があるのではないかなと私は思っております。

小田部　では、別の方。

会場参加者C　今の話につながりますが、具体的なことで、今ちょっと私が定期的に電話で話をしている人がいて、その人は今出席している教会で、話す相手がいないそうです。一つにはその本人が、コミュニケーションについて非常にデリケートなものを持っていて、人が集まって話している中に入れません。入れないのだけども、寂しいし、話がしたい。さっきのBeingの言葉でつながるところがあるのですね。その方が、ある時、「今日唯一よかった」と思われたことが、声をかけられた時だったのです。教会の中で、礼拝が終わった後に、わっと集まって話しができるのですが、そっと帰られる人がいることにみんな気づかないままに終わってしまっていることがあります。けれども、実はその人が非常に孤独を感じていて、求めているものがあって、そういった具体的な事柄に関心を向けて、あるいは注意を向けて、そのために何かできることを教会で考えるということが、今、地域の中での教会の持つ役割の中に、実はとても大事なこととしてあるのではないかなというふうに思うのです。これも今言われたマネジメントと一つのつながりがある事柄ではないかと思います。経営とか、経済の課題は、結果として生まれるかもしれないけれど、それを経営の目的にするのではなくて、その教会が持っている非常に大切な役割、一人一人が出会いの中で生かされ励まされること、そこにもう一度焦点をあてて、地域の中で教会が存在する役割として改めて確認することが大切なことではないかなと思いました。

小田部　皆様の貴重なご意見に感謝いたします。本セミナーの企画者、およびパネルディスカッションの司会者として、最後に、私からの応答をさせていただきます。橋本さんの講演の中で、「社会関係資本」という話が出てきました。呼び方の問題は横においておきますが、この概念をめぐる議論の中で、コミュニティとして機能している教会の存在それ自体の価値が見直されています。今、日本社会そのものがコミュニティ崩壊の危機に直面し、孤立や孤独の問題がますます大きくなり、行政サービスが追いつかない状況があります。そのような今の日本の社会的文脈の中で、交わりを創り出し、維持し、それを地域に開いてきた制度的な宗教が注目されています。人と人が出会い、つながり、助け合いが生まれ、営まれる場となっている教会が、地域を豊かにする社会的な宝として注目されているのです。教会は、そのような営みをずっと行ってきました。確かに活動に疲れて時々休むことも必要ですが、再びそのような場として機能していこうとする源は何かと言えば、私たち一人一人が、誰でも神さまによって本当に大切なものとして愛されているんだという信仰とその確信だと思います。この神への信頼がベースにあって、一人一人自分も大切にされているように、隣の人を大切にしていく、それは一方的にではなく、互いに支え合っていく、その思いでつながっていこうとするのだと思います。そのための試行錯誤を教会は二〇〇〇年間ずっとやってきているのであって、本セミナーで、皆様からご指摘いただいた教会の課題と本質を繰り返し確認してきたし、これからも確認しながら次の一歩を進めていくことになるのだと思います。実は、教会の外から、社会から教会が期待されているところがあり、それだからというだけではないのですが、そういう社会や地域の眼差しを受けつつ、本当に教会が教会になるということはどういうことなのかを考えていくことも大切なのではないかと思うのです。そういう意味でも、本セミナーで地域と教会というテーマを取り上げさせていただきました。

私の専門は歴史神学ですが、神学形成の背景として、実は歴史的な出来事、人間のさまざまな経験があることに目を向けることが大切です。また、過去の歴史にアプローチにしていく時に、やはり私が今生きている時代の中で与えられている関心から、歴史を再発見していくということもあります。私のゼミではフィールドワークを必ずするようにしていて、二〇二二年度は、八月六日に広島を訪ね、広島流川教会の向井牧師にも大変お世話になりました。早朝の超教派、宗派を超えた集いから、夜の集会まで学生に全部経験してもらいました。二〇二三年度は鳴門にある第一次世界大戦後に主にドイツ人が収容された坂東俘虜収容所を訪ねました。歴史の舞台、フィールドを経験して、そこから刺激を受けて歴史研究に向かってもらいたいと思っています。そこにも現場と神学の営みの一つの循環があると思います。私たちには、いま生きている現場というものがあります。二〇二一年度の神学セミナーでは、コロナパンデミックの文脈で宣教について問いました。その時まで、私は、ルターがペストについて書き残した書物があるという事実を知りませんでしたし、それに対する関心も持っていませんでした。

ヴィッテンベルクでペストが流行し、教会の牧師はどう対応すべきかが問われたとき、ルターは、全員が命を犠牲にすべきだという主張ではなく、隣人に寄り添い続けるために、どのような体制が必要であるかについて共同体で合意形成することの大切さを指摘しています。持続可能な疫病対策と魂への寄り添いについて、現実的なマネジメントを考え、実施することを地域の行政と教会に提案しています。ルターは、現実の問題を見据えつつ、神学的に教会の本質が何であるかを軸としながら、地域と教会が一緒に考え、協力して危機を乗り越えていく、そして、そこに隣人愛に基づく共同体が実現することを求めています。私たちの時代、私たちの生きている現場で、何をどのようにマネジメントし、実践していくのか、どうしたら、共に生きる共同体がそこに実現し得るのか、そのために私たちにできることは何か、本日のセミナーで語り尽くせなかったことについては、これからもさまざまな機会に、議論と意見交換を継続させていくことができればと願いつつ、パネルディスカッション、そして、本日のセミナーを閉じさせていただきます。ご協力いただいたすべての皆様に心からの感謝を申し上げます。ありがとうございました。

小田部　これからする閉会の祈禱の中で、少し沈黙の時を持ちますが、それぞれに覚えたい具体的な地域や教会、あるいは人々や働きのことを思い、心の内に祈る時としてください。それでは、お祈りいたします。

恵み深き主なる神さま

いま、私たちは、本日の神学セミナーのすべてのプログラムを終えて、この会を閉じようとしています。今日の一日を通して、さまざまに学びの時、課題を共有する時、また、豊かな出会い、再会の時を与えられましたことを心から感謝いたします。私たちは、再びそれぞれが遣わされた地域と教会へと戻っていきます。その帰る道を、そして、それぞれが遣わされた地域での働きをあなたが守り、豊かに祝福してください。いま私たちは、それぞれに沈黙の内に、それぞれが遣わされている地域と教会のこと、また世界のさまざまな地域とそこにある教会のことを覚えて祈りたいと思います。

（沈黙）

主なる神さま、私たちの祈りを聞き届けてください。復活の命を約束される主なる神さま、深い闇の中にある時、どうかあなたの光で、私たちの心を照らしてください。あなたに信頼し、闇の中でも、ただ神が知る時を待ち望ませてください。そして、憎しみや争いのためではなく、あなたがすべての人に与えられた尊い命に向かって共に生きるために、私たちを、教会を、そして地域を、どうぞ豊かに用いてください。この願いと感謝を、対面で、そしてオンラインで神学セミナーに集うお一人おひとりの祈りに合わせて、主イエス・キリストの御名を通してお祈りいたします。アーメン

あとがき

第五八回となる神学セミナーは二〇二四年二月一九日（月）「明日の地域と教会」をテーマに、西宮上ヶ原キャンパスF号館二〇三号教室を会場として、対面およびオンライン配信のハイブリッド形式で開催されました。

神学講演の一人目として、関西学院大学神学部の淺野淳博教授が「コリント教会の会食問題と地域社会」と題してお話しくださいました。教会のアイデンティティおよび教会と地域社会のつながりという観点から、パウロが当時のコリント教会が直面した二つの会食問題にいかに対処したかについてわかりやすく講演していただきました。

続く第二の神学講演では同神学部の橋本祐樹准教授が「明日の地域と教会――現代宣教学の視点から」と題してお話しくださいました。無縁社会の中に人と人とのつながりを生み出すソーシャル・キャピタルとしての宗教に向けられた期待について、また、エキュメニカルな視点から包括的な宣教理解の中で教会の多様な働きを再発見していくという課題について社会調査のデータや神学的資料を用いてお話しくださいました。

本ブックレットに収録されていませんが、後者の神学講演の中でアンケートを実施しました。質問項目は、①パンデミック以降の教会の活動や近況について、②最近の教会の課題や関心について、③教会や地域社会でやってみたいことについてです。そして、結果を講演後にセミナー会場の壁やオンラインに掲示し、参加者で共有することを試みました。回答の中には、少子高齢化の時代における宣教のあり方や信仰の継承、そして、オンラインに対応できる設備や地域に開かれた会堂建築など様々な課題が示されていました。また、これからやってみたいこととして、こども食堂や遊び場、青年のつどい場や高齢者の悩み相談など、地域の人々の居場所として教会が活用されることへの期待が目立ちました。休憩時間に、参加者同士でアンケート結果をみながら、現在の課題と未来へのビジョンを共有し、意見交換する機会を持てたことは、今回のセミナーにおける新しい試みでした。

招待講演では日本キリスト教会多摩地域教会の大石周平牧師が「明日の地域と教会――多摩地域の事例から」と題してお話しくださいました。それぞれに異なる礼拝所と特性を持つ二つの教会が二〇二三年に一つの地域教会共同体としてスタートするまでの経緯について丁寧にご説明くださいました。大水被害とコロナ感染症の流行という災禍の経験が二つの教会をいかに結びつけ、そして、一つの地域教会という構想の下で、集権型から分権型へ、そしてより地域に開かれた教会が有機的に形作られているかをお話しくださいました。

三つの講演の後、「明日の地域と教会――それぞれに現場から」と題して神学部学外講座委員の小田部進一教授の司会によりパネルディスカッションが行われました。前半では、教会の現場から三名の方に報告をしていただき、後半では、二名の同学外講座委員が登壇され、セミナーの参加者も交えて意見交換の時がもたれました。

一人目の現場報告者として、日本基督教団大阪城北教会の東島美穂牧師が登壇されました。これまでの牧会経験ならびにコロナ禍で様々な教会活動がストップした経験を通じて、Doing（活動）からBeing（人間そのものの価値）に重点を置く教会のあり方を未来に向かって捉え直すことの大切さについてお話しくださいました。そのような問題提起が、その後のパネルディスカッションの一つの軸となりました。

続く報告者として、日本基督教団広島流川教会の向井希夫牧師が登壇されました。地域に住む教会員の「見守りプロジェクト」（二〇二〇年度発足）、被爆地としての広島固有の課題として「歴史を未来に残す役割」、超教派で実施されている炊き出しなど、多岐に亘る教会の取り組みについてご紹介いただきました。広島流川教会が持っている豊かさを近隣の地域にある教会と分かち合い、喜びを共にする交わりと協働が印象に残りました。

三人目の登壇者として日本基督教団香櫨園教会の宮本幸男牧師が二〇二二年度にスタートとした「つどい場の活動」としての「地域サロン・オアシス」の働きをご紹介くださいました。すでに教会の中にあった設計図が引き出されていく仕方で、つまり、すでに地域社会で地道な奉仕活動をされて来られた教会員たちの願いが引き出される仕方で誕生したという成立の経緯が印象的でした。一つの「つどい場」を開いたことで、その地域で生活する若者から高齢者まで、思いがけない人と人とのつながりが広がっていく様子をご報告いただき、これからの地域とそこに立つ教会の未来を展望してくださいました。

パネルディスカッションの後半では、まず会場の参加者から三人の現場報告者に向けられた質問に回答していただき、その後二人の神学部学外講座委員（森本典子講師と橋本祐樹准教授）からの応答がなされました。さらに、その後にも再びフロアからの質問や意見を募り、共に明日の地域と教会について考える時間を持ちました。このような多様な形式でのパネルディスカッションの時間は、各報告者の内容が細部において補足され、それぞれの地域と教会に特徴的な課題への理解を深めると同時に、特定の地域性を越えた教会の本質と働きの課題を確認し、共有する機会になりました。パネルディスカッションの最後に、神学部学外講座委員で司会を務めた小田部進一教授の閉会祈禱を掲載しています。

本セミナーの呼びかけに応答していただき、ご協力、ご登壇いただいたすべての講師の皆様に心から感謝申し上げます。生き生きとした意見交換の記録として、今回もブックレットを出版することができました。本ブックレットが、教派・教団を越えて、明日の地域と教会の課題を担い、いま現場で取り組んでおられる、あるいはこれから取り組もうとされておられる現場の皆様の一助となれば幸いです。本ブックレットの出版を本セミナーの成果として位置付けることもできます。しかし、明日の現場に向かってスタートをするという思いで、本セミナーが閉じられたということをここに記しておきたいと思います。それぞれの、様々な地域の現場と教会におけるスタートですから、そこから見えてくることはいつも多様であり、本ブックレットの読書は、そのような多様なスタートへと開かれています。また、どこかで、ここから歩み出した経験を、共に集い語り合える日を楽しみにしています。

本セミナーは、昨年度に引き続き一日の日程で対面・オンライン配信のハイブリッドで開催することになりました。そのため、密度の濃いプログラムとなりましたが、適宜、休憩時間を設け、対面会場では茶菓子の用意のある談話室を確保したことで、参加者同士が活発に歓談・交流している様子を見ることができました。今回のセミナーには、対面で六五名、オンラインで（教会集会室での参加者も含めると）六六名、合計一三一名の参加となりました。対面とオンラインの参加者の比率はほぼ同じとなりました。対面とオンライン、それぞれにメリットがあることを積極的に受けとめて、広く開かれた仕方で開催できたことで、多様なニーズに応えるセミナーになったと思います。とは言え、ハイブリッド開催に様々な技術的課題がある中で本セミナーを支えてくださった神学部補佐室の西嶋優さん、吉田麻理さん、小坂藤乃さん、上田奈央子さん、教学補佐の丸尾彩華さん、吉澤和海さん、日下部光喜さん、学部生の佐々木愛さん、朝川優真さんに、そして、本ブックレット出版のためにお手伝いくださった同補佐室の朱榮智さんにこの場を借りて感謝申し上げます。

二〇二三年度　関西学院大学神学部学外講座委員会

関西学院大学神学部ブックレット17
明日の地域と教会
第58回神学セミナー

2025年2月1日　第1版第1刷発行

編　者　関西学院大学神学部
著　者　淺野淳博、橋本祐樹、大石周平、東島美穂、
向井希夫、宮本幸男、小田部進一
発行所　株式会社　キリスト新聞社
〒112-0014 東京都文京区関口1-44-4　宗屋関口ビル7階
電話 03(5579)2432
URL. http://www.kirishin.com
E-Mail. support@kirishin.com
印刷所　協友株式会社

ISBN978-4-87395-841-5　C0016（日キ販）　Printed in Japan